「思考ツール × ICT」で実現する探究的な学び

泰山　裕 編著

東洋館出版社

まえがき

　自ら考えることのできる子どもを育てたい。

　これは，教育に関わる多くの人の共通する願いである。

　先の見通せない時代を生きる世界で活躍する，これからの社会をつくっていく子どもたちには，自律的に探究を進めていく力の育成が欠かせない。

　本書は，思考ツールとICTによって探究的な学びを実現し，自律的に探究を進めるための思考力の育成を「思考スキルの発揮を促す思考ツール」という方法で実現するための考え方を紹介するものである。

　「思考ツール」はすでにさまざまな書籍や実践が紹介されており，その中では，多くの素晴らしい実践事例に触れることができる。

　一方で，思考ツールの活用そのものが目的化してしまったり，思考ツールを使ったものの，子どもの思考が全く深まっていなかったりするような実践も散見される。

「この授業に合う思考ツールはどれか教えてください」

「これまで使ってきたワークシートなども思考ツールといえるでしょうか」

「思考ツールを活用すれば思考力が育成されたといえるでしょうか」

　思考ツールについての研究を始めて，多くの学校での実践を見せていただき，先生方と議論させていただく中で，このような質問をいただくことが多くある。

　思考ツールはその名の通り「道具」である。

　「道具」をうまく使うためには，「目的」が必要である。

　そして，思考ツールを活用する「目的」は「思考スキルの習得，発揮」である。

　それでは，思考スキルの習得と思考力の育成はどのように関係するのか。

本書は，このような思考ツールを活用するための前提となる考え方や思考スキルという視点からみた思考力の育成について論じている。

　本書での議論を通して，先に挙げた質問に対する思考スキル，思考ツールを通した探究的な学びの実現のための考えを共有できると幸いである。

　本書は大きく5つの章から構成されている。

　第Ⅰ章では，そもそも「今，どのような資質・能力の育成が期待されているのか」について，学習指導要領やそれに関連した答申での議論をもとに検討した。第Ⅱ章では，「思考力とは何か」について，これまで行われてきた先行研究や実践などをもとに議論し，思考ツールの前提となる思考スキルの考え方について紹介した。第Ⅲ章では，「ICTや思考ツールの活用のポイント」について，具体的な事例などをもとに紹介した。第Ⅳ章では「思考ツールやICTの使い方」を具体的な例をもとに紹介した。そして，第Ⅴ章では，多くの先生方のご協力を得て，「思考ツールやICTを活用した実践事例」を紹介していただいた。

　このように抽象的な概念から，より具体的な活用法や実践例の紹介というような構成になっている。理論的な背景から入る方は第Ⅰ章から順番に，活用方法や具体的な事例が知りたいという方は第Ⅳ章や第Ⅴ章から入っていただき，まずはそれを真似しながら実践に取り組んでいただきたい。そして，慣れてきたら，「活用のポイント」，「思考ツールを活用する際に，思考力をどう捉えるのか」，それは「今求められる資質・能力の育成」とどのように関係しているのか，というように少しずつ背景を理解していく，というような順番で読み進めてもらうこともできる。読んでいただく先生方のニーズや活用状況によって，本書を上手にご活用いただければと思う。

　本書を通して，一人でも多くの子どもが思考ツールやICTを活用した探究的な学びを経験し，これからの社会で求められる自律的に探究を進めるための思考力を身につけるためのお手伝いができれば幸いである。

目　次

まえがき　　1

第 **I** 章
これから目指す学びの形

1　どのような資質・能力の育成を目指すか ……………………………… 10

2　どのような授業の形を目指すか ………………………………………… 14

3　探究的な学びの基盤となる資質・能力を育む …………………………… 19

4　探究的な学びを実現する …………………………………………………… 22

　コラム　　学習の基盤となる情報活用能力と思考スキル・思考ツール　　25

第 **II** 章
「思考力」をどう捉えるか

1　「思考力」とはどのような能力か ………………………………………… 28

2　「思考力」を育てる ………………………………………………………… 31

3　「思考ツール× ICT」で探究的な学びを実現する ……………………… 39

　コラム　　思考スキルを方向づける思考態度　　42

第 **III** 章
思考ツール× ICT の使い方

1　思考ツールをどのように活用するか ……………………………………… 46

2　思考ツールの活用をどのように評価するか ……………………………… 51

3　思考ツール× ICT …………………………………………………………… 54

　コラム　　シンキングツール®の広がり　　56

第 **Ⅳ** 章
思考スキルを促す思考ツールの例

1 「比較する」を支援する思考ツール　ベン図 …………………………… 60

2 「比較する・分類する」を支援する思考ツール　座標軸 ……………… 62

3 「分類する」を支援する思考ツール　Yチャート，Xチャート ……… 64

4 「関係づける」を支援する思考ツール　コンセプトマップ …………… 66

5 「関連づける」を支援する思考ツール　同心円チャート ……………… 68

6 「広げてみる」を支援する思考ツール　イメージマップ ……………… 70

7 「順序立てる」を支援する思考ツール　ステップチャート …………… 72

8 「理由づける」を支援する思考ツール　クラゲチャート ……………… 74

9 「理由づける」を支援する思考ツール　フィッシュボーン図 ………… 76

10 「多面的にみる」を支援する思考ツール　くまで図（Y，Xチャート）……… 78

11 「多面的にみる」を支援する思考ツール　フィッシュボーン図 ……… 80

12 「多面的にみる」を支援する思考ツール　バタフライチャート ……… 82

13 「変化をとらえる」を支援する思考ツール　プロットダイアグラム … 84

14 「構造化する」を支援する思考ツール　ピラミッドチャート ………… 86

15 「具体化する・抽象化する」を支援する思考ツール　ピラミッドチャート … 88

16 「評価する」を支援する思考ツール　PMIシート ……………………… 90

17 「推論する」を支援する思考ツール　キャンディチャート …………… 92

18 思考ツールでは支援しにくい思考スキル
「変換する，応用する，要約する」………………………………………… 94

19 思考ツール×ICT ………………………………………………………… 95

コラム　1人1台時代に求められるメディア・リテラシーと思考スキル　99

コラム　ICT×思考ツールの基盤となる能力　101

第 V 章
思考ツール× ICT の実践例

1　ベン図で特殊な四角形を分類する　小4・算数科 …………………… 104

2　ベン図で共通する考え方を捉える　小4・算数科 …………………… 106

3　ベン図で日本の産業の課題を比べる　小5・社会科 ………………… 108

4　ベン図で比較し，特徴を明確にする　中2・理科 …………………… 110

5　座標軸で登場人物の気持ちの変化を読み取る　小4・国語科 ……… 112

6　Yチャートでキーワードや問いを分類する　小4・社会科 ………… 114

7　Yチャートで1年間の見通しを分類して捉える　小5・国語科 …… 116

8　Xチャートで語彙を分類する　小1・国語科 ………………………… 118

9　Xチャートで集めた情報を分類する　小5・社会科 ………………… 120

10　コンセプトマップで「疑問」と「関連する表現」をつなぐ
　　小4・国語科 ……………………………………………………………… 122

11　同心円チャートで身近な学習と社会課題を関連づける
　　小6・総合的な学習の時間 ……………………………………………… 124

12　イメージマップで作品のイメージを広げる　小1・図画工作科 ……… 126

13　イメージマップで学習活動の見通しを広げる　小3・理科 ………… 128

14　イメージマップで市のイメージを広げる　小4・社会科 …………… 130

15　イメージマップで自分の考えを整理し，互いに関わり合う
　　小6・社会科 ……………………………………………………………… 132

16　ステップチャートで物語のプロット構成を捉える　小2・国語科 ……… 134

17　ステップチャートで単元の学習計画を作成する　小5・国語科 …… 136

18　ステップチャートで仮説を設定し，実験計画を立案する　中3・理科 … 138

19　クラゲチャートで描写をもとに心情を捉える　小5・国語科 ……… 140

20　クラゲチャートで物語の伏線を理由づけて解釈する　中3・国語科 …… 142

21　クラゲチャートで優先する条件とその理由を整理する
　　中2・総合的な学習の時間 ……………………………………………… 144

22　くまで図で上位語と下位語の概念を捉える　小1・国語科 ………… 146

23 くまで図で物語のクライマックスに合う BGM を考える
小4・国語科 ……………………………………………………… 148

24 フィッシュボーン図でプロジェクトを多面的に検討する
小5・総合的な学習の時間 ……………………………………… 150

25 フィッシュボーン図で地域の特色を多面的に捉える　中2・社会科 …… 152

26 バタフライチャートでテーマに対する多様な考えをまとめる
小5・国語科 ……………………………………………………… 154

27 バタフライチャートで「節度ある生活」について考える
小5・道徳科 ……………………………………………………… 156

28 プロットダイアグラムで物語の構成の変化を整理する
小6・国語科 ……………………………………………………… 158

29 ピラミッドチャートで理由を構造化する　小4・社会科 …………… 160

30 ピラミッドチャートで仕事への思いと行動を構造化する
小4・社会科 ……………………………………………………… 162

31 ピラミッドチャートで文化の特徴を構造化して捉える
小6・社会科 ……………………………………………………… 164

32 ピラミッドチャートで自分の課題意識から学習計画を立てる
小6・算数科 ……………………………………………………… 166

33 ピラミッドチャートで現代社会の課題を構造化する
小6・総合的な学習の時間 ……………………………………… 168

34 ピラミッドチャートで説明文を構造化し，筆者の考えの中心をつかむ
小5・国語科 ……………………………………………………… 170

35 ピラミッドチャートで情報をもとに推測する　小6・社会科 ………… 172

36 PMI シートで話し合いの仕方を評価し改善する　小4・国語科 ……… 174

37 イメージマップ，クラゲチャート，プロット図で思いを確かにする
小1・生活科 ……………………………………………………… 176

38 ピラミッドチャートとクラゲチャートで，探究課題を検討する
小5・総合的な学習の時間 ……………………………………… 178

39 クラゲチャートと座標軸で，自分の考えを理由づけ比較する
小6・道徳科 ……………………………………………………… 180

40 思考ツールを児童自身が選択する　小4・その他 …………………… 182

41 選択した思考ツールで情報を整理する　小5・国語科 ···························· 184

42 思考ツールを選択して災害対策を分類し，多面的に捉える
小5・理科 ·· 186

コラム　思考スキル・思考ツールは個人探究に必須のアイテム　　188

参考文献一覧　　191

あとがき　　193

＊第Ⅳ章で紹介している思考ツールは当該ページの QR コードからダウンロードすることができます。同じ内容ですが，PDF と PNG の 2 つの形式に分けて ZIP ファイルにしています。

第 I 章
これから目指す学びの形

<u>1</u>　どのような資質・能力の育成を目指すか

(1)　いま求められる学びの在り方

　今，教育を取り巻く環境が大きく変化している。

　平成29，30年に改訂された学習指導要領では，主体的・対話的で深い学びの視点からの授業改善が求められ，コンテンツベースからコンピテンシーベースへの学習観の転換が示され，教室には1人1台端末が整備された。

　さらに，中央教育審議会答申「令和の日本型学校教育の構築を目指して」では，個別最適・協働的な学びの実現が求められている。さらに，個別最適な学びは「指導の個別化」と「学習の個性化」の2つに分けられている。学習内容の確実な定着を目指し，個々の特性や学習深度等に応じて指導方法を個別化する「指導の個別化」と，学習内容の理解を深め，広げることを目的に，個々の興味・関心等に応じて学習活動や学習課題を個性化する「学習の個性化」の2つの方向性が示されている。そして，そのどちらともに児童生徒自身が「自ら学習を調整する」ことが期待されている。

　これまでの学習指導要領の改訂と平成29，30年度，そして，これからの学習指導要領の改訂での一番大きな違いは，この先の社会の不確実性を前提にしていることである。

　これまでの学習指導要領の改訂では，ともすれば「これからの社会では〇〇が大切になるので，△△教育を導入する」という方向性が少なからずあった。まさにコンテンツベースである。しかし，これからは，この先社会がどうなるかは予測できないことを前提に，「これから社会がどうなったとしてもそれに対応できる資質・能力を育む」ことが目指されている。これから社会でどのようなコンテンツが重要になったとしても，それを学び，社会の変化に対応していくことができるコンピテンシーが重視されることになる。

　VUCA：Volatility（変動性），Uncertainty（不確実性），Complexity（複雑性），Ambiguity（曖昧性）という言葉に表されるような予測できない社会に生きる児

童生徒たちに必要な資質・能力の育成が求められている。

　そのような状況を受け，平成29，30年度改訂の学習指導要領では，資質・能力は3つの柱として示されている。「生きて働く知識及び技能」，「未知の状況にも対応できる思考力，判断力，表現力等」そして，「学んだことを人生や社会に生かそうとする学びに向かう力，人間性等」という3つの柱は先に示したような予測できない社会で活躍するために必要な資質・能力である。それぞれ「生きて働く」「未知の状況にも対応できる」「学んだことを人生や社会に生かそうとする」という言葉が前に置かれており，個別の知識や技能を習得するだけでなく，それを別の場面で活用することが前提とされている。

　3つの資質・能力の柱の中で，表現が一番大きく変更されたのが「学びに向かう力，人間性等」である。これまでは「関心・意欲・態度」と表現されていたこの資質・能力は，各教科等の学習内容や1時間の授業への関心や意欲，態度ではなく，学習そのものに対する関心や意欲，態度を評価するという趣旨が強調されている。その評価においても，「挙手の回数や毎時間ノートを取っているかなど，性格や行動面の傾向が一時的に表出された場面を捉える評価であるような誤解が払拭しきれていない」（児童生徒の学習評価の在り方について（報告）より）との指摘から，その評価の観点として「主体的に学習に取り組む態度」が示され，「粘り強い取組を行おうとする側面」と「自らの学習を調整しようとする側面」という2つの側面から評価することが示されている。

　まさに，自分の学びを自分でコントロールして進めていくことが求められていると言える。

　しかし，一方で，これまでの学習では「学びに向かう力，人間性等」の育成は不十分であることも指摘されている。例えば，コロナ禍における学校の一斉休校の際に多くの学校で起きたことは，教員がプリントを作成・配布し，児童生徒がそれに取り組み，教員が回収して採点，さらに新たなプリントを配布するということであった。

　つまり，あの当時の状況では，教員がいつ，何を，どのように学ぶのかをすべて指示しないと，学びが成立しなかったと言えるだろう。もし次に同じよう

なことが起きても大丈夫なように，さらに言えば，学校の外でも学校を卒業した後でも学び続けられるように，自ら課題を見つけて学習を継続できるような「学びに向かう力，人間性等」を涵養することが重要である。

　これから求められているのは，教員が近くにいて目をかけられるうちに，教員がいなくても学びを進められるような資質・能力を育むことであると言える。

　それでは，このような資質・能力が育成された姿をどのようにイメージすればいいだろうか。

(2) 「自律的な探究者」を育む

　ここでは，このような資質・能力が育成された姿を「自律的な探究者」として捉えたい。下の図は学習指導要領解説総合的な学習の時間編で示されている，探究的な学習における児童生徒の学習の姿を表したものである。

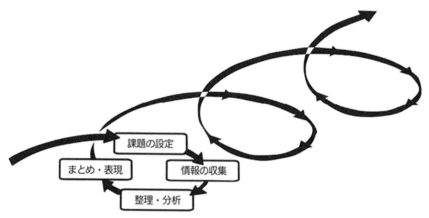

図 1-1　探究的な学習における児童生徒の学習の姿

　特に，総合的な学習の時間においてはこのような学習過程がスパイラルに繰り返されながら「物事の本質を探って見極めようとする一連の知的営み」である，探究的な学習が行われる。

　このような学習過程は決して，総合的な学習の時間でのみ行われるものでは

ない。どの教科等においてもこのような学習過程で学習が行われ，教科等の内容の理解に合わせて，探究的に学ぶための方法も身につけられることが期待される。

　そして，先に示した資質・能力が育成された姿を，このような探究的な学習の過程を自律的に進めていくことができる児童生徒としてイメージすることができる。

　状況に応じて自ら課題を設定し，その課題に必要な情報を見極め，適切な方法によって情報収集していく。その際に，情報の真偽等にも気をつけながら，課題解決に必要な情報を集めていく。集めた情報はそのままにするのではなく，種類ごとに分けて整理したり，情報同士の関係を探ったり，比べたりして，整理・分析する。その整理・分析の結果から，課題に対する自分なりの答えをまとめ・表現する。そして，そこからまた新たな課題を見つけて，次の探究学習を発展的に繰り返していく。

　このような学習過程を自律的に進めていくことができることが求められる。自律的に進めるとは，決して 1 人で孤立して学習を進めることを意味するのではない。個別最適な学びと同時に協働的な学びが求められているように，自分の不得意なところは友達や教員，地域の人の力を借りたり，必要に応じてICT などの道具を活用したりしながら，探究を進めていくことができる児童生徒の育成が期待される。

2 どのような授業の形を目指すか

(1) 「学習の主導権」はどちらにあるか

　これまでも各教科等の学習はこのような探究的な学習過程をもとに進められてきた。課題が示され，その課題解決に必要な適切な情報が提供され，みんなの意見を板書で整理・分析し，全員の考えをまとめ・表現する，といった授業展開は珍しいものではない。

　一方で，自律的な探究者の育成をゴールにした際には，このような授業にもさらに検討が必要となるだろう。

　例えば，研究授業の後，このような議論が行われてはいないだろうか。

- ・今日の授業で設定された課題は子どもにとって身近なものであっただろうか
- ・今日の授業で子どもに示された情報は，課題解決のために必要不可欠のものであったか，子どもの現状に合ったものであったか
- ・今日は子どもの発言をうまく拾って，黒板に構造的に整理されていたか
- ・今日のまとめは子どもの言葉が反映されたものであったか，今日のワークシートは目指した文章表現の支援として適切であったか

　これらの議論はいかに「教師が」うまく探究していたか，ということを検討したものである。

　教師が課題を設定し，教師が適切な情報を収集し，教師が児童生徒の発言を板書で整理・分析し，児童生徒の発言を使って教師がまとめ，表現させる。

　このような授業も学びのモデルを示すという意味では重要となることは間違いないが，教師が児童生徒の代わりに探究してあげるような授業をいつまでも続けていては，児童生徒が自律して探究できるようになることは難しい。

　児童生徒を自律的な探究者に育てるためには，日頃の学習の中で，学習の主導権を少しずつ移行していくという意識が重要である。

　探究的な学習の過程のすべてをいきなり児童生徒に丸投げすることは難しい。

最初のうちは，課題の設定，適切な情報の収集までは教師が主導して行い，それらの情報をどう整理・分析し，まとめ・表現するのか，は児童が決める，というように少しずつ児童生徒に任せる部分を増やしていくことが考えられる。

さらに細かく言えば，「何を」は教師が決めるが，それをどの方法で達成するのか，は児童生徒が決める，ということもあり得るだろう。情報収集の段階で言えば，どのような情報が必要かは教師が示すが，その情報をどの方法で集めるのが適切かは児童生徒が決める，というような状況である。

このような探究的な学習過程のうち，どの部分の主導権を教師が握り，どの部分を児童生徒に預けるのか，ということを意識し，最終的にはすべての段階での主導権を児童生徒に預けることが求められる。

(2) 「自己調整」の発達段階

それでは，そのような探究的な学習の主導権を児童生徒に移行していく際にはどのような段階が想定できるだろうか。

自律的に学習するということに関係する概念として，「自己調整学習」という概念がある。「自己調整」とは「学習者がメタ認知，動機づけ，行動において，自分自身の学習過程に能動的に関与していること」（Zimmerman 1989）とされており，先に示した探究的な学習の過程を自律的に進めていく際に重要な概念となる。そして，その中で自己調整する力の発達段階が以下のように示されている（Zimmerman & Schunk 2001, 伊藤 2018）。

表 1-1　自己調整の発達段階（Zimmerman & Schunk 2001, 伊藤 2018 より作成）

発達の段階	内容
0：受動態レベル	言われた通りに実行する
1：観察的レベル	学習指導，課題の構成によるスキルや方略の獲得
2：模倣的レベル	フィードバックを伴う実践練習によるスキルや方略の精緻化
3：自己制御されたレベル	同じような課題の際に，自律したスキルや方略の利用
4：自己調整されたレベル	文脈に応じた組織的なスキルや方略の適用 状況に応じた調整

この段階に合わせて，探究的な学習の主導権を少しずつ児童生徒に移行して
いくと，以下のようなプロセスが想定できる。

　最初の段階は，観察や指導，課題の構成によるスキルや方略の獲得である。
この段階では，学習の主導権は主に教師にありつつ，児童生徒はその活動や教
師の振る舞いを観察することによって，探究的に学ぶとはどういうことなのか，
情報を集める際にはどのような方法があるのか，などの方法を学んでいく。

　模倣的レベルになると学習の主体が少しずつ児童生徒に移行していく。教師
が状況を設定した上で，児童生徒がどのように学ぶのかを決定する。教師は児
童生徒の状況を把握し，フィードバックを行う。その中で児童生徒は，探究的
な学び方を精緻化し，理解を深めていく。前回やった同じような活動を想起さ
せたり，うまくスキルや方略が適用できない児童生徒には介入したりしながら，
探究的な学びの進め方を理解していく。

　自己制御されたレベルになると教師の介入はより限定的になる。これまでの
学習を児童生徒自身が思い出しながら，文脈に応じたスキルや方略を自分で選
択し，活用しながら探究的に学ぶ。

　自己調整の段階になると状況や目的に合わせて複数のスキルの中から適切な
ものを選択し，うまくいっているかどうかも検討しながら探究していく，とい
うような段階が想定できる。

　さらに，ここではその前段階，レベル0として，「受動的レベル」を設定し
た。受動的レベルとは教師の指示に従ってとりあえず実行するという段階で，
自己調整がまったく働いていない状況である。教師が調べましょうと言ったか
ら調べる，教師から与えられたワークシートを指示通りに埋める，という段階
がこれにあたるだろう。この段階では児童生徒は学習の意味を理解することな
く，ただ単に学習をこなすことになるため，このままでは自律的な探究にはつ
ながりにくいだろう。

　自律的な探究者の育成を目指すには，まずは，なぜこの目的に対してこの活
動が必要なのか，この活動にどういう意味があるのか，を児童生徒と共有し，
自己調整のレベルを観察的レベルにする必要があるだろう。

⑶ 「探究的な学習過程」×「自己調整の発達段階」で学習を捉える

これまでの議論を整理すると次の図のようになる。

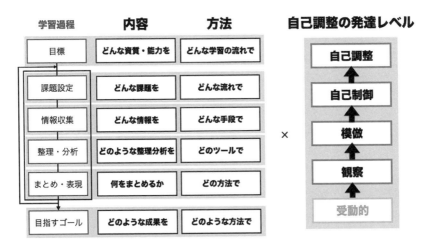

図1-2　学習過程と自己調整のレベル

学習過程では，目標の設定から始まり，1時間ごとに課題設定から始まる探究的な学習の過程がある。それが何度も繰り返されて，設定した目標に対応したゴールが達成される。そして，それぞれの段階に関して，「何を」「どの方法で」やるのかという要素が含まれることになる。

そして，さらにその各段階において，先ほど述べた自己調整の発達のレベルが存在する。学習過程のうち，どの部分をどのレベルで任せるのか，ということを想定し，その範囲を少しずつ拡大していく，という発想で学習の主導権を少しずつ移行し，最終的には，すべての学習過程を自己調整レベルで進めることができる，自律的な探究者の育成を目指すのである。

このように，学習過程とその自己調整のレベルという視点で学習を捉えることで，「今はまだ課題設定の段階はしっかり鍛えられていないから『観察レベル』，目標に対してなぜこの課題が適切でそのために1時間でどのような順番

で学ぶのか，について子どもとしっかり共有しながら進めよう」，「情報収集は『自己制御レベル』，どんな情報が必要でそのためにはネット，書籍，インタビュー，実験のどの方法が適切なのかをこれまでの学習経験をもとに子どもに決めさせよう」というように指導の焦点を検討することが可能になるだろう。

3　探究的な学びの基盤となる資質・能力を育む

(1)　探究的な学びの基盤となる情報活用能力

　自律的な探究者を育てるということは決して，すべてを児童生徒任せにすることを意味するわけではない。探究的な学習を進めるための基盤となる資質・能力，課題の設定の仕方，情報の収集の仕方，整理・分析の仕方，まとめ・表現の仕方を各教科等の学習を通して，「観察」や「模倣」の段階を経て，習得させ，それを発揮させる必要がある。

　そして，そのような基盤となる資質・能力の1つが「情報活用能力」である。「情報活用能力」とは，学習指導要領において，「学習活動において必要に応じて①コンピュータ等の情報手段を適切に用いて②情報を得たり，③情報を整理・比較したり，④得られた情報を分かりやすく発信・伝達したり，⑤必要に応じて保存・共有したりといったことができる力であり，さらに，このような学習活動を遂行する上で必要となる⑥情報手段の基本的な操作の習得や，⑦プログラミング的思考，⑧情報モラル等に関する資質・能力等も含むものである」（学習指導要領解説総則より，番号は筆者追記）とされており，学習の際に端末を活用することのみならず，得られた情報を整理・分析して，まとめ，表現，保存・共有するなどの多種多様な資質・能力として定義されている。

　このように，情報活用能力は情報機器の操作方法に留まるものではなく，教科等の学習を効果的に進め，深めるための資質・能力として位置づけられ，まさに探究的な学びを進めるための基盤となるものであると言える。

　そして，このような資質・能力はどこかで一度指導されれば，すぐに自由に活用できるようになるようなものではない。指導に加えて，教科等の学習の中で，何度も情報活用能力が発揮される場面が繰り返されることによって，育成が期待されるものである。きちんと方法を指導し，それを教科等の学習の中で活用できる機会を多く準備することで，情報活用能力が学習の基盤として発揮

されるようになると考えられる。

　情報活用能力を身につけておくことで，各教科等の学習が深まる，そして，教科等の学習の中で情報活用能力が発揮されることによって，情報活用能力自体も育成される。このような循環的な指導が行われることが求められる。

(2)　探究的な学びの基盤となる1人1台端末

　そして，1人1台端末はそのような情報活用能力の発揮の主体を児童生徒に移行するために導入されたと言えるだろう。例えば，これまでは，教科書以外から情報収集しようとすれば，教員が「今日は情報収集の時間です」と設定し，パソコン教室に連れていったり，図書館に連れていったりすることが必要であった。しかし，1人1台端末があれば，子ども自身が必要だと感じたときに必要な方法で情報収集することができる。

　1人1台端末によって支援されるのは，探究的な学習過程のうち「情報の収集」「分析」「表現」の段階であるだろう。「情報の収集」では，多種多様な情報をネット上から探すことができるし，分析ソフトウェアを用いれば，集めたデータを分析し，自分では見つけられないような傾向などを見つけやすくすることができる。また，自分の考えを表現する際にも，端末によって紙だけではできない表現ができたり，より多くの相手に伝えたりすることが可能になる。

　そして，その際にどの方法が適切か，ということを児童生徒が判断する機会を与えることが可能になる。

　さらに，クラス内での学習過程がクラウド上で常に共有されていることによって，友達の学び方を参考にしながら学ぶということも可能になる。

　このように1人1台端末によって，個別最適に児童生徒が方法を判断して学習を進めるという学びの実現と同時に，それによって生まれる進度の差をクラウドで共有することによって，児童生徒同士が学び合うことができる環境が構築できる。

　一方で，「課題の設定」「整理」「まとめ」については，どうしても自分の頭の中でするしかない。1人1台端末上で行うことによって，学習過程が共有で

きるなどの利点はあるが，紙よりも端末でやるときのほうが，まとめがうまくできる，ということは考えにくい。1人1台端末があるからこそ，より一層，自分の頭で思考する，考えることの重要性はますます高くなると考えられる。

4 探究的な学びを実現する

　これまで述べてきたように，これからは自律的な探究者の育成を目指し，探究的な学習の流れを具体的に想定し，探究の基盤となる資質・能力を指導しつつ，それが各教科でも習得，発揮を繰り返しながら，徐々に学習の主導権を児童生徒に移行できるように指導する必要がある。

　そのためには，以下のような点に留意した指導が必要となると考えられる。

⑴　子どもにとって自然な流れで学習過程を組む

　自律的な探究者を育成するためには，その基盤となる資質・能力やそもそも探究的に学ぶとはどういうプロセスで学ぶのかを児童生徒に共有しながら，自己調整のレベルを少しずつ高次にすることが求められる。そのためには，まずは高橋（2022）が指摘するように，どの教科等においても基準となるような学習過程を子どもと共有し，モデルとして観察させる必要がある。そのために，まずはすべての学習過程の理由を児童生徒に説明できるように，自然な流れにする必要がある。重要なことは教師にとって自然なのではなく，児童生徒にとって自然な流れであるかどうか，である。なぜこの課題なのか，なぜこの課題にはこの情報が必要なのか，なぜこの方法で整理するのか，といったような教師の意図をすべて共有するためには，学習過程はまず教師にとって自然なものである必要がある。

　教師自身が同じことを学ぶときに，同じ方法を取るか，という基準で学習計画を検討する必要があると思われる。

⑵　教科内容に加えて，探究の基盤となる資質・能力の育成を図る

　児童生徒が教科等の目標に合わせて，方法を選択しながら学習を進めることができれば，教師に教えてもらっていたときよりも理解は深まるし，同時に探究的に学ぶ方法も身につけることが可能になる。そのためには，すべての学習

活動の意図を児童生徒と共有し続けながら学ぶことで，学習のモデルを示すと同時に，学び方のような基盤となる資質・能力を児童生徒に身につけさせる必要がある。そのような児童生徒主体の探究的な学びを実現している学校の様子を見ていると，おおよそ以下のようなプロセスを経て実現されていることが多いように思われる。

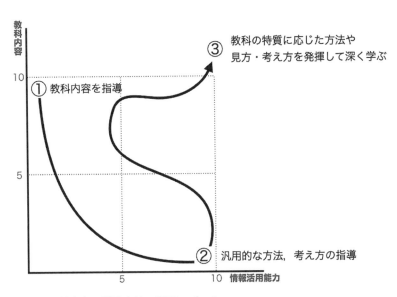

図1-3　教科内容と学習方法の指導のプロセス

　これまでやっていたような教科内容をしっかりと理解させるような授業（①）の段階から，児童生徒が自律的に方法を選択しながら深く学ぶこと（③）を目指すためには，教科内容に加えて，そのような方法を指導する必要がある。しかし，方法を指導したり，自己調整のレベルを上げて，児童生徒に任せたりすると，当然，教師主導で指導したときよりも学習に時間がかかったり，想定したほど深まらなかったりすることがある（②）。その際に，教師が焦って答えを言ってしまったり，急に主導権を奪ったりしてしまうと，いつまで経っても児童生徒主体の自律的な探究にはつながらない。

　いずれは教科等の目標に応じて児童生徒が自律的に探究する，③の姿を実現

するためにも，一旦，学習内容の理解よりも方法の習得を優先する②の段階を
乗り越えることが重要である。

(3) さまざまな道具を用いて，探究的な学びを実現する

　先にも述べたように，1人1台端末は児童生徒の自律的な探究を実現するた
めの必須のツールである。探究をより深めるためのツールであると同時に，個
別最適な協働を促すためのツールでもある。一方で，自律的な学びを実現しよ
うとすれば，当然，クラス内での進度にばらつきが出る。クラウド上で学習過
程を共有し続けることで，教師がそれぞれの児童生徒の進度を把握することが
可能になると同時に，児童生徒自身が友達の学習過程を参考にして学ぶ，とい
うことが可能になる。1人でできる子は1人で進める，友達と協力しながらで
きる子は協力しながら，今はまだ先生の助けが必要な子は先生と一緒に，どの
ように学ぶか，に加えて，いつ，どのタイミングで誰と協働するのか自体も個
別最適に判断しながら学習を進めることが可能になる。

　これまで，これから求められる学びのあり方について考えてきた。自律的な
探究者の育成を目指し，そのための基盤となる資質・能力を指導する。1人1
台端末によって，「情報収集」や「分析」，「表現」は支援されるため，その間
で行われる「整理・分析」，つまり，「思考」がより重要となってくる。

　それでは，思考力とはどのような力で，それはどのように育成が可能なのだ
ろうか。

学習の基盤となる情報活用能力と思考スキル・思考ツール

東北大学教授／東京学芸大学教授　堀田　龍也

(1)　学習の基盤となる資質・能力としての情報活用能力

　現行の学習指導要領がイメージする学びは，学びに向かう力を発揮しながら，自分の学びを自分で選択し，決定し，自己調整をしながら学びを進め，自分の学び方を振り返って修正していくという学びである。このような資質・能力（コンピテンシー）を身に付けながら，各教科等の学習内容（コンテンツ）を学び取るというイメージである。

　それぞれの子供の学びは，そのペースも方法も少しずつ異なるものであり，子供が自分の納得するやり方で進めて行くことになる。これが個別最適な学びである。個別最適な学びにおいては，各自のペースで任意のタイミングで学習リソースにアクセスできることが求められる。こうやって検討された学びのインフラが GIGA スクール構想である。

　1人1台の情報端末をいつでも活用できる状態で進めて行く学習では，インターネットでの検索が多用される。探究的な学びにおいては，子供たちが解決しようとする問題は容易ではなく，必ずしも正解があるわけではない。しかし同様の取り組みをした人はこれまでにもいたはずだ。そこで，知らない言葉を検索し，参考になる情報を取り寄せ，文章だけでなく写真や動画を見つける。収集されたそれらの情報の中から，自分の課題にあった情報を判断し選択する。検索結果のすべてが役立つわけではないし，当該学年では理解が難しい内容や信憑性が低い情報もある。友達に尋ねることもあっても，そもそも情報は人によって価値が違うものだから，どれを用いるかは自己決定するしかない。

　情報を適切に取り扱うスキルが備わっていなければ，個別最適な学びは実現できない。このことが，情報活用能力が学習の基盤となる資質・能力であるということの意味である。

(2) 各自の価値を伴った情報の集約のための判断こそが思考である

　参考になる情報を取り寄せ，その中から自分の課題にあった情報を判断し選択する。判断に必要な情報を多めに収集するからこそ，選択には判断が要求される。判断は，課題に正対する必要がある一方，どの情報を選ぶかには個人の価値が入り込む。それでいい。客観性を保ちつつ，自分の価値観から見て何を残すべきかを決めることが，自分らしく情報を集約するということである。みんな同じでなくていい。だからこそ，自分が今，何に興味を持ち，どれだけの情報が収集できていて，何が足りないのか，どれを選択すべきなのかを，自覚させなければならない。自分の判断に自覚的になって情報を吟味させる必要がある。

　このような「情報を吟味する」作業を生み出すためには，思考ツールの利用が有効である。思考ツールに収集した情報を並べ，然るべき位置に置き直し，価値付けることで，自分の持つ情報に構造が生まれる。同じ思考ツールを活用した学びの経験がある友達同士の対話により，情報の集約の仕方の違いを感じ，議論が生まれる。思考ツールは，個々の子供の思考を外化し，可視化して，対話可能性を高める。結果として，子供は思考の連続と微修正を求められることになり，その繰り返しが思考の訓練となり，思考スキルの習得につながる。

　また，思考ツールに情報を配置することは，ややもすると作業になりがちである。よって，子供たち自身に言語化させることが求められる。これが対話であり，思考ツールでの作業結果の違いが対話を促す。さらに精度を高めるには教師の言葉掛けが重要である。君はなぜこの情報をここに置いたのか，なぜこの言い回しでまとめたのか……教師がこのような言葉で迫ることで，子供たちに自分なりの判断を言語化させ自覚化させることになる。自分の判断の基準について何度も自覚を促されることが，その子供の思考力の育成につながる。

　情報が多く降り注ぐ時代になった。これからもっと情報量が多くなるし，その流れも速くなる。すばやい判断が要求されると同時に，判断の修正の繰り返しも要求される。思考の訓練は，そんな時代だからこそ，明示的に行われるべき教育内容なのだと思う。

第 II 章
「思考力」をどう捉えるか

1 「思考力」とはどのような能力か

(1) 「考える」ことの多様性

　第Ⅰ章では，これから育成を目指す児童生徒の姿として，「自律的な探究者」というキーワードで説明してきた。「自律的な探究者」とはもちろん，思考力を身につけ，それを発揮する児童生徒の姿である。

　「思考力」とは一体，どのような能力なのであろうか。「考える」とは一体，どのような行為なのだろうか。我々が児童生徒に期待する「思考」とはなんだろうか。

　私たちが「考える」といったときに，それは具体的に何をすることを意味しているのであろうか。

　国語の授業で意見文を書くために自分の意見を考える。算数の授業でグラフを作成し，そこから何が言えるかを考える。誕生日プレゼントに何を買ってもらうかを考える。児童生徒は学校での授業や私生活でさまざまな「考える」場面を経験している。

　しかし，そこでいう「考える」とは，どの場面でも同じなのだろうか。

　意見文を書くために自分の意見を考えるときには，テーマに関する情報をつなげ，自分の立場を検討する。グラフから言えることを考えるときには，まずグラフを解釈した上でその数値が示す意味から，そのグラフが示していることは何かを検討することになる。誕生日プレゼントを考えるときにも，国語や算数の場面とは違う「考える」が求められることになるだろう。

　このように「考える」という言葉は，その状況や目的によって，それが意味することが異なる，多義的な言葉なのである。思考力という言葉でも「批判的思考」や「論理的思考」「拡散的思考」などさまざまな種類があり，それぞれによって意味が異なるだろう。

　さらに，例えば「批判的思考」に限定しても，多様な意味をもっている。道田（2003）の整理によると，「批判的思考」が研究者によってその意味が異な

ることを指摘している（表2-1）。また楠見（2011）は批判的思考をさらに「論理的・合理的思考」「内省的・熟慮的思考」「目標思考的思考」の３つのキーワードから整理を行っている。

表 2-1　批判的思考の定義の多様性

研究者	批判的思考の定義
Ennis, R.	何を信じ何を行うかの決定に焦点を当てた，合理的で反省的な思考（Ennis 1987）
Paul, R	1）訓練された，自分で方向づけた思考で，特定のモードや領域に適する思考に熟達していることを体現した思考 2）知的技術と能力に精通していることを示す思考 3）自分の思考をよりよく，より明確に，より正確に，より防衛力のあるものにしようとするときの，あなたの思考についての思考の技法（Paul 1995）
Pascarela, E	問題や仮定されていることの明確化，重要な関係の認識，データからの正しい推論，憎報やデータから結論の導出，結論がデータに保証されているかどうかの解釈，証拠や権威の評価（Pascarella & Terenzini 1991）

道田（2003）より抜粋

　このように「批判的思考」というキーワードに限定しても，共有されたイメージはあるものの，その定義については明確にされているわけではない。それぞれの立場で批判的思考力や思考力そのものを定義して研究・実践が進められている状況である。

(2)　学習指導要領における「思考力」

　それでは，学習指導要領において思考力はどのように定義されているのだろうか。

　小学校教育の目標を定めている学校教育法第30条第2項では「生涯にわたり学習する基盤が培われるよう，基礎的な知識及び技能を習得させるとともに，これらを活用して課題を解決するために必要な思考力，判断力，表現力その他の能力をはぐくみ，主体的に学習に取り組む態度を養うことに，特に意を用いなければならない」とされており，この記述から「思考力，判断力，表現力

等」とは，知識及び技能を活用して課題を解決するために必要な力と定義されていることがわかる。

さらに，小学校学習指導要領（平成29年告示）解説総則編では，「思考力，判断力，表現力等」について「児童が『理解していることやできることをどう使うか』に関わる」とした上で，以下のように示されている。

　　社会や生活の中で直面するような未知の状況の中でも，その状況と自分との関わりを見つめて具体的に何をなすべきかを整理したり，その過程で既得の知識や技能をどのように活用し，必要となる新しい知識や技能をどのように得ればよいのかを考えたりするなどの力（P.37）

このように，学習指導要領において「思考力，判断力，表現力等」は習得した知識を用いて新たな問題を解決したり，新しい知識や技能を得るための方法を考えたりする力として位置づけられている。

そして，「知識及び技能を活用して課題を解決する」過程については，大きく以下の3つの分類が示されている。

・物事の中から問題を見いだし，その問題を定義し解決の方向性を決定し，解決方法を探して計画を立て，結果を予測しながら実行し，振り返って次の問題発見・解決につなげていく過程
・精査した情報を基に自分の考えを形成し，文章や発話によって表現したり，目的や場面，状況等に応じて互いの考えを適切に伝え合い，多様な考えを理解したり，集団としての考えを形成したりしていく過程
・思いや考えを基に構想し，意味や価値を創造していく過程（P.37）

このように学習指導要領でも思考力についての記載はあるが，過程や発揮される状況についての記載にあるものの，その中身について具体的に提案されているわけではない。

平成29年に告示された学習指導要領においては，各教科等の特質に応じた物事を捉える視点や考え方として，「見方・考え方」が教科ごとに想定されている。この「見方・考え方」は，各教科等の学びを深める際に働かせるものだとされているが，それは教科等ごとに異なった形で整理されている。

2　「思考力」を育てる

⑴　「思考力」は育てられるか

　国語と算数の「考える」は別の能力なのであろうか。国語で育てた「思考力」は算数やそのほかの教科では発揮できないのだろうか。確かに，「考える」ということは多様な意味をもっていて，その意味するところはその状況によって異なる。そのことを前提として考えると「考える力を育てる」という言葉はどのような意味をもつだろうか。

　国語で考える力を育てたとして，それは社会科の中でも発揮できるだろうか。算数・数学でいう「考える」と特別の教科「道徳」の中でいう「考える」は同じだろうか。それともまったく別の力なのだろうか。

　確かに，それらの力はまったく別のものであるようにも思える。国語でいい点を取れる人が算数でもいい点数を取れるとは限らないし，明日の献立を上手に考えられる人が，旅行計画をうまく考えられるわけでもない。

　一方で，それらの力がまったくの別物であれば，学校教育の中でそれぞれの教科等を指導する意味がなくなってしまう。学習指導要領の中で「思考力，判断力，表現力等」は未知の状況の中で発揮されるものであるとされている。それぞれの状況によって「考える力」が異なるのであれば，未知の状況に対応できる「考える力」を育てることはできないということになってしまう。

　これらの課題に答えるのが「思考スキル」の視点からのアプローチである。

⑵　「思考スキル」への着目

　これまで見てきたように，「考える」ということは，状況によってとてもたくさんの意味をもっている。一方で，教科等ごとに「考える」が異なるのであれば，どの教科等でも活用できる思考力を育成することは難しくなる。

　そこで，教科等横断的な思考を具体的に捉え，思考力を育成するための視点として，「考える」を具体的に捉える「思考スキル」という視点を紹介したい。

各教科等の中ではこれまでさまざまな「考える」が行われてきている。それ
では授業の中で行われている「考える」にはどのようなパターンがあるのだろ
うか。そしてそれは，教科によって違うものなのであろうか。

　この疑問を解決するために，筆者らは学習指導要領を教科等横断的に分析し
た。学習指導要領やその解説，教科書などを並べながら，どの教科にどのよう
な「考える」が出てくるのか，そしてそれは他の教科の「考える」と違いがあ
るのかどうかを検討した。

　例えば，国語では，登場人物の心情や行動を対比させながら読む学習活動が
ある。それでは，対象の同じところと違うところを見つける，ということは国
語にしか出てこない考え方なのだろうか。ほかの教科の学習活動を見てみると，
社会科では地域の特色を見つけるために，地域ごとの地形の特徴や産業などに
ついて同じところや違うところに注目して，資料を読み取るという学習活動が
ある。理科では，実験計画を立てる際に，明らかにしたいことに焦点化して，
どの条件を共通させ，どの条件を変えるかという条件統制について検討する。

　どうやら，「共通点と相違点を見つける」という考え方が，どの教科等にも
出てくる考え方だと言えるだろう。それでは，他にもどの教科でも出てくる
「考える」は他にあるだろうか。

　このように学習指導要領の分析を進めていった。その結果が表 2-2 である。
　どの教科等でも出てくる「考える」には 19 種類のパターンがあることが明
らかになった（泰山ほか 2014）。そして，これが教科等横断的な「思考スキル」
である。この思考スキルの一覧は「考える」ということを分解した結果であり，
研究的に検討され，授業中の思考を捉える枠組みとして整理されたものである
ため，「19」という数には意味がないし，語感によって，この思考スキルとこ
の思考スキルは同じではないか，もしくは包含関係にあるのではないか，とい
う指摘は十分に考えられる。

　大事なことは，まずは，これくらいの具体的な言葉として「考える」を捉え
ることによって，授業の中で児童生徒に期待する「考える」をイメージするこ
と，そして，それによって，授業中の支援の方法を検討することが可能になる

表 2-2　学習指導要領における思考スキルの種類とその定義

思考スキル	定義
多面的にみる	多様な視点や観点にたって対象を見る
変化をとらえる	視点を定めて前後の違いをとらえる
順序立てる	視点に基づいて対象を並び替える
比較する	対象の相違点，共通点を見つける
分類する	属性に従って複数のものをまとまりに分ける
変換する	表現の形式（文・図・絵など）を変える
関係づける	学習事項同士のつながりを示す
関連づける	学習事項と実体験・経験のつながりを示す
理由づける	意見や判断の理由を示す
見通す	自らの行為の影響を想定し，適切なものを選択する
抽象化する	事例からきまりや包括的な概念をつくる
焦点化する	重点を定め，注目する対象を決める
評価する	視点や観点をもち根拠に基づいて対象への意見をもつ
応用する	既習事項を用いて課題・問題を解決する
構造化する	順序や筋道をもとに部分同士を関係づける
推論する	根拠にもとづいて先や結果を予想する
具体化する	学習事項に対応した具体例を示す
広げてみる	物事についての意味やイメージ等を広げる
要約する	必要な情報に絞って情報を単純・簡単にする

ことである。

　「子どもがうまく考えることができる授業をする」のはとても難しいが，「子どもがうまく『比較する』ことができる授業をする」というように具体的にすることができれば，「何と何を比較させるか」「比較のための視点は何か」「比較した後に，どのようにまとめさせるか」などのように，さまざまな支援方法を検討することができるだろう。

　また，目標が具体的になることで本時の評価も具体的にすることができる。「子どもは考えることができたか」ではなく，「子どもは比較ができたか」と具体化することで，ある事象についての共通点と相違点を書き出させるとか，その結果をもとに考察させる，などのように評価することが可能になる。

　今日の授業で児童生徒に期待する思考が「比較する」なのか，「分類する」なのか「理由づける」なのか，というように，いろいろな意味をもつ「考え

る」を「考える」という言葉を使わずに，具体的な思考スキルの言葉を使って捉えることで，授業設計や支援，評価の方法について検討することが可能になる。

　うまく考えることができない児童生徒に「よく考えてごらん」と声かけをしても，何をどう考えていいかわからない子にとっては，その言葉は支援にはならない。そうではなく，「考える」を具体的に捉え，考えられない原因を適切に捉えた上で，それに応じた支援を行うことが重要である。

　同時に，これらの思考スキルは思考という大きな枠組みを分解して捉えたものであるため，それぞれの思考スキルは独立したものではないし，その複雑性も一様ではない。学習指導要領の分析から，小学校段階での低学年・中学年・高学年における思考スキル同士の関係も明らかになっている（図2-1）。下のほうにあるシンプルな思考スキルが複合的に発揮され，複雑な思考スキルとなっていくようなイメージをもつことができるだろう。もちろん，思考スキルは小学校だけでなく，中学校，高等学校においても発揮されるものであるため，以下の図はめやすとして捉えておいていただきたい。

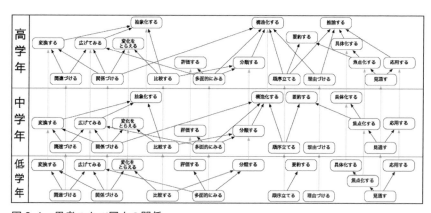

図2-1　思考スキル同士の関係

(3)　思考スキルの視点からの思考力の育成

　思考スキルを育てることで思考力の育成を目指す。それは思考スキルを「技能」として捉えることで，思考力を「状況に合わせて思考スキルを活用して問題解決等を行う力」と定義し直すことで，思考力の育成を目指すための視点でもある。

　つまり，思考スキル自体も習得させ，活用させる対象として捉えるのである。一方で，思考スキルを習得することがそのまま思考力を育成したとは言えない。思考スキルを習得した上で，状況に応じてどの思考スキルを活用すべきかを選択し，その思考スキルを活用することで問題を解決する。思考力が育成された姿とは，習得した思考スキルを発揮する児童生徒の姿だと言えるだろう。

　そのように捉えることで，もう一つの課題を解決することができる。国語と算数の「考える」は別の能力なのか，国語で育てた「思考力」は算数やそのほかの教科では発揮できないのか，という問題である。

　確かに「考える」ことは教科によって違う。しかし，それは，思考スキルの選択の仕方や思考スキルの組み合わせ方，思考スキルで整理・分析する前の情報，思考スキルで整理・分析した後のまとめや表現の仕方が教科によって異なるのであり，思考スキル自体は領域普遍的な技能であると考えることができる。

　国語の中で「比較する」ことと，社会科の中で「比較する」ことは，対象や視点，比較した後の活動は異なるが，どちらも「共通点と相違点を見つける」ことは同じなのである。

　このことは教科等の「見方・考え方」の中にも確認できる。

　例えば，「理科の見方・考え方」は領域特徴的な見方（量的・関係的な視点，質的・実体的な視点，共通性・多様性の視点，時間的・空間的な視点）と領域横断的な考え方（比較，関係付け，条件制御，多面的に考えることなど）で構成されている。このように，「理科の見方・考え方」は領域特徴的なアプローチの視点としての「見方」と領域横断的な「考え方」としての思考スキルという2つで構成されている。同様に社会科で発揮される「社会的事象の見方・考え方」は，「社会的事象」という社会科に特有の学習対象に対して，「位置や空間的な広が

り，時期や時間の経過，事象や人々の相互関係」という社会科に特徴的な視点でアプローチすることで，「比較・分類したり総合したり，関連付け」のような汎用的な思考スキルが発揮されることが期待されているのである。

　教科の文脈に沿って適切な思考スキルを習得する。そして，それを活用しながら問題解決を行う。最終的には思考スキルも含めた知識・技能を自在に活用しながら価値のある問題を探究する。

　このように各教科等の学習を領域普遍的な思考スキルの視点で捉えることで，思考力を具体化するとともに，思考スキルの習得・活用・探究というプロセスでの思考力育成を考えることが可能になる。

(4)　思考スキルと思考ツール

　そして，このような指導を進めていくためには，思考ツールの活用が重要である。思考ツールとは，思考を補助するための道具であり，思考スキルを明示的に発揮させ，指導するための枠組みである。

①　「考える」を支援するための思考ツール

　「考える」は難しい。そこで，頭の中にある多様な情報を特定の枠組みに沿って書き出すことで，「考える」ことを助けるための道具が思考ツールである。

　思考ツールにはいろいろな形がある。例えば，「比較する」ときにはベン図を使って同じところと違うところを整理する，「理由付ける」ときには，クラゲチャートを使って，頭の部分に考えを入れ，足の部分に主張を支える根拠を整理する。自分の考えを「構造化する」ときには，ピラミッドチャートなどを活用し，一番下に事実，真ん中にそれらの事実をつないでわかること，そして，一番上にわかったことをもとにした自分の考えを書く，というように，頭の中にある情報を一旦整理することで，考える途中を補助してくれる（表2-3）。

　思考ツールはそれぞれの思考を補助するために特徴的な形をしている。ベン図は同じところと違うところを整理しやすいような形をしている。このツールを使って，2つのものの「関連」について考えさせることは難しい。ベン図は「比較」しかできないし，クラゲチャートは「理由づけ」を整理しやすいよ

うな形をしている。大事なことは，どのような「考える」を期待するのかを十分に検討した上で，適した思考ツールを選択することである。

　また，思考ツールは考える途中を補助するための道具であるため，ツールに整理したら，それを見ながらさらに考えることが必要である。ベン図やクラゲチャートが完成して授業が終わることはほとんどない。ベン図ならその違いや共通点からわかることを整理したり，クラゲチャートならそれをもとに，作文を書いたり，自分の意見をまとめたりする活動が必要になる。

表 2-3　思考スキルの習得，活用を支える思考ツールの例

比較する：ベン図	理由づける：クラゲチャート	構造化する：ピラミッドチャート

思考ツール〜考えることを教えたい〜 http://www.ks-lab.net/haruo/thinking_tool/short.pdf より抜粋

②　思考スキルの習得のための思考ツール

　思考スキルは概念なので，それを子どもに習得させ，意識的に活用させるのは簡単なことではない。同じ考え方をするときには，同じ思考ツールを教科等横断的に活用させることで，思考スキルを意識化させやすくなると同時に，教科等の学習を思考スキルの視点で結びつけることができる。

　思考ツールが特徴的な形をしている利点の１つがこの点である。例えばベン図は，どの教科等の学習場面でも，もしくは家で考えるときでさえ，その「考える」が「比較」であれば活用することができる。同じ形の図が教科等を超えて，繰り返し出てくることで，思考スキルが意識され，習得されるのである。

思考ツールには複数の形があるが，最終的に目指すのは思考ツールを状況に応じて自由に選択することができたり，ツールがなくても考えたりすることができたりするような，思考ツールの活用を通して，思考スキルが習得され，それを発揮することができる児童生徒の育成である。そのためにはそれぞれのツールについて，しっかりと慣れ，習熟し，どの思考ツールがどの思考スキルに対応しているのか，この思考ツールを使うとどのようなことがわかるのかについて意識しながら活用する必要がある。

<u>3</u> 「思考ツール×ICT」で探究的な学びを実現する

⑴ 探究的な学びと思考スキル，情報活用能力

　思考力が育成された姿は自律的に探究を進めることができる姿であり，そのための基盤として情報活用能力や思考スキルを育成することが求められる。

　探究的な学習過程を自律的に進める力としての「思考力等」，さらにそのための基盤となる資質・能力として「情報活用能力」の育成が求められている。そして，「情報活用能力」のうち，特に「整理・分析」段階の基盤となる技能が「思考スキル」であり，その発揮，習得を促すための道具として「思考ツール」がある。さらに，「情報活用能力」のうち，「情報の収集」や「表現」を支援するツールとして1人1台端末の活用が想定される。

　そして，そのような学習過程を粘り強く行ったり，状況を確認しながら調整したりするための力が「学びに向かう力，人間性等」として求められている。

　このように思考スキルや思考ツールも自律的な探究を進めるための方法の1つであり，決して，思考スキルを習得したことや思考ツールを活用することのみによって，思考力が育まれるわけではないのである。

　「情報の収集」，「表現」の際に求められるメディア・リテラシーやそもそも1人1台端末を活用するためのICTリテラシー，探究のプロセスを進め，調整するための態度などが，教科等の文脈の中で総合的に発揮される中の1つの要素として思考スキルや思考ツールを捉え，活用する必要があるだろう。

⑵ さらなる検討：学習の転移の問題

　思考スキルはさまざまな教科等の文脈で意識的に発揮され，習得され，その活用範囲を広げることが期待される。しかし，ある教科等の文脈で習得した思考スキルを，すぐに領域を超えて他の教科等で活用させることは容易ではない。

　このような課題は思考を対象とした実践の中で常に議論されてきた。先に示

したように，国語の思考力と算数の思考力，学校での思考力と日常生活・社会における思考力は完全にイコールではないからである。

このような議論は「学習の転移」に関わる議論である。習得した思考スキルが別の領域で発揮されることを目指して教育を行うのであれば，この学習の転移の問題は避けて通ることのできない問題である。

学習の転移については，これまでにもさまざまな研究から転移を促す条件について明らかにされている（米国学術研究推進会議 2009）。それぞれの条件から習得した思考スキルの転移を促す，指導のあり方について，検討していこう。

① 思考スキルを手順だけではなく課題との関係を理解しながら学ぶ

習得した思考スキルをほかの場面で転移させるためには，まずは思考スキルがしっかりと習得されている必要がある。思考スキルを習得させるためには，それを手順としてではなく，課題との関係を理解しながら学ぶことが重要である。例えば「比較する」スキルであれば，単純に「同じところと違うところを見つけること」と理解するだけでなく，「今日の課題と比較というスキルがどのように関係しているのか」を意識させながら習得させることが重要になる。

② 思考スキルの活用範囲を広げるための支援を行う

いずれは児童生徒が自ら思考スキルを選択し，学習課題を解決することが求められるが，そのためにはまずは思考スキルを学ぶ際に，複数の文脈を用いたり，教師が対比的な事例を示したりしながら，習得した思考スキルがほかの場面に応用できることを明確に説明することが必要である。

複数の教科等の中で「分類する」スキルを発揮する場面を準備したり，「これは前に国語のあの活動でやった考え方と同じだね，今度の理科のこの場面でも使えるかもしれないね」というように，教師が事例を示しながら，思考スキルがほかの場面でも活用できることを説明したりしながら，思考スキルの活用範囲を広げるような支援が必要になる。

③ 思考スキルについて整理する機会をつくる

そして，そのようにして各教科等で活用した思考スキルを見直し，整理する機会をもつことも，転移を促す要素の一つである。これまでの活用経験を振り

返ったり，教員から適切なフィードバックを与えたりすることで，それぞれの思考スキルがどの場面で使えるのか，思考スキルの効果は何か，などを自覚させることが重要である。

このような指導を教科等横断的に繰り返すことによって，思考スキルが教科等の文脈の中で習得，発揮されながら，その活用範囲が広がり，文脈や目的に応じて思考スキルを活用して，問題解決を行う力としての思考力の育成が行われることが期待される。

そして，そのためのツールとして，思考ツールを適切に使うことが有効である。

思考スキルを方向づける思考態度

奈良教育大学特任准教授　小島亜華里

(1) 思考態度の指導

　「比較する」や「関連づける」といった思考スキルを持っているからといって，その人が適切な場面で思考スキルを活用するとは限らない。思考するには，持っている思考スキルを使おうとする態度が求められ，スキルをどのように使うかということは態度によって方向づけられる。思考力を発揮できる子どもを育てるためには，思考スキルだけでなく思考しようとする態度も指導していく必要がある。

　例えば，「自分の生活や経験と関連づける」や「他者の考えを取り入れる」というような態度を身につけることで，思考スキルを適切に用いて思考しようとする子どもの姿が期待できるだろう。

　ところが，態度はスキルとは違い，直接的な指導に向いていない。思考態度は，思考することが求められ，促され，重視される文化の中で涵養されると考えられる。指導においては，そのような思考することの価値が共有された文化をつくり出すことが求められる。

　例えば，「目標を意識する」という思考態度であれば，「目標は意識しましょう」と直接的に教えるより，授業ではいつも学習目標を明確にして示すなど習慣化することで，子どもに内面化されることが期待できる。

　あるいは，「固定的な見方・考え方をしない」という思考態度であれば，多様な意見が出る教材を使うなどして，授業設計の段階で思考態度が発揮される機会を意図的につくることで促すことができる。

　思考態度の中には，「言葉の意味を明確にする」というものもあるが，学習活動の中で使われる言葉について，その意味や具体を明確にすることをその都度繰り返し指導することで，言葉に敏感な態度を強化していくことができる。

　このように，思考態度について習慣化したり，機会を創出したり，あるいは

強化するといった指導をさまざまな学習場面で繰り返し継続的に行うことで，思考することの価値を，学級あるいは学校全体で共有することができる。子どもは思考する価値が共有された文化に浸りながら，少しずつ思考態度が涵養されるのである。

(2) 思考する価値の共有

　学校では，素早く計算したり，正しく漢字を書いたりすることが評価される場面が多い。もちろんそれは大切なことであるが，思考するときに，スピードは必ずしも重要ではないし，正解のない問題を扱うこともある。学校文化の中で，早く答えを導くことや唯一の答えがあることに慣れ親しんでいるからこそ，思考する価値を共有することが重要なのである。

　答えになかなか辿り着けないもどかしさや，揺らぐ答えに対しては，耐性も必要である。私たち大人も答えは早く知りたいし，絶対的な答えに出会えると安心する。しかし，人生で直面する課題の多くは，すぐに答えの出せないものである。思考することの苦しさも認めながら，思考するにはどのような方法があって，そのプロセスから何が得られるのか，なぜ自分なりの解を導くことが大切で，その先にどんな良いことがあるのか，そうしたことを体験しながら共有していくことが思考する価値の共有に繋がる。

　そのためにも，課題の真正性は重要である。散々考えた挙句，答えはこうですとまとめられるような課題が繰り返されれば，思考する価値は見出せない。思考を求める授業では，自分なりの解を導くことができるようなオープンエンドな課題が期待されるだろう。

　思考する価値が共有された文化をつくり，その中で思考態度を育んでいくことには時間がかかる。学校教育では長期的な視点を持って取り組んでいく必要がある。思考する価値の共有を通して，課題に直面しても考えることを放棄せず，習得した思考スキルを使ってより良い答えを導こうとする"良き思考者"が育っていくことを期待したい。

第 III 章

思考ツール×ICT の使い方

1 思考ツールをどのように活用するか

(1) 思考ツールを活用する際の授業設計

　思考ツールとは児童生徒の思考を支援し，思考スキルの発揮を促すための道具である。思考ツールにはいろいろな形があり，その用途，発揮を期待する思考スキルが異なる。目的に合わせて適切なツールを選択することが重要である。

　思考ツールは思考スキルの発揮を促し，その習得，活用を促すために用いられる。思考ツールの活用自体が目的にならないように注意が必要である。

　思考スキルの視点を抜いて思考ツールを選択すると，授業が失敗してしまうことがある。「この授業にはどの思考ツールが適しているか」を検討してしまうと，思考ツールの活用自体が目的になってしまうことが多く，思考ツールは埋まったけれど，思考が深まらない授業になってしまうことが多い。

　そうならないようにするには，まずは，今日の授業で児童生徒に考えてほしいことは何か，それはどの思考スキルの発揮が期待されるのかを明確にする必要がある。

　そのようなことを防ぐために，思考ツールの活用の際は以下のような順番で授業を検討するとよいと思われる。

① 授業で児童生徒に期待する思考を具体化する

　今日の授業で児童生徒に期待する「考える」を具体的にする。この時点では思考スキルの枠組みは気にせずに，まずは「○○について考える」という桁で児童生徒に考えてほしい内容を検討する。

② その「考える」に関係する思考スキルを選択する

　授業で児童生徒に期待する「考える」が具体的になれば，次はその「考える」に関係する思考スキルは何かを検討する。この段階で思考ツールを見てしまうと失敗するので，まずは思考スキルの桁で検討するのがよい。関係する思考スキルが複数あっても問題ないが，多くても1時間の授業で3つくらいが適切だと思われる。思考スキルが複数あるなら，その順番も考えておくとよい。

比較してから分類するのか，分類した内容を比較するのか，このようにして検討した思考スキルの順番はそのまま授業中に児童生徒に期待する思考過程になる。

③　支援したい思考スキルに対応する思考ツールを選び，試作する

ここまで検討した上で，思考ツールを選べば，失敗は少なくなるだろう。

特に支援したい思考スキルを選び，それに対応した思考ツールを選ぶ。

思考ツールに慣れないうちは思考ツールを選んだら，教師自身が児童生徒になったつもりで思考ツールを埋めてみるのが有効だろう。選んだ思考ツールがベン図だとしたら，共通点にどのような言葉が入り，相違点にはどんな言葉が入るのかを教師が想定して埋めてみるといいだろう。このときに埋めてみて何か違和感があったり，埋まった思考ツールを見ても考えが深まりそうになかったりするのであれば，思考スキルや思考ツールの再検討が必要となる。

④　試作した思考ツールをもとに，その前後を検討する

思考ツール自体の検討が終われば，次に，その思考ツールを活用する前後の学習活動を検討する。試作した思考ツールの中に入っている情報は，その思考ツールを使うまでに児童生徒が知っていたり，収集していたりする情報である。それまでにそのような情報を指導したり，収集したりする機会があるかどうかの検討が必要である。

さらに，思考ツールを埋めた後の活動の検討も必要になる。思考ツールが埋まって，授業が終わることはほとんどない。思考ツールに情報を整理したら，それを分析し，そこから自分の考えをまとめたり，表現したりする活動の中で，思考が深まっていく。整理した思考ツールを見ながら，自分の意見を考えたり，意見文をまとめたり，友達と議論したり，といった思考ツールの後の活動を検討することで，思考ツールにまとめることが思考の深まりにつながるように授業を検討する必要がある。

このような手順で検討することによって，思考ツールを活用すること自体が目的になってしまったり，思考ツールを使ったけれど，いまいち考えが深まったような感じがしない，ということを避けることができるだろう。

⑵　思考ツール活用についての FAQ

　思考ツールを活用した実践をたくさん見ていると，よく受ける質問がある。ここからは，よくいただく質問とそれに対する回答を紹介しながら，思考ツールを活用していく際の留意点について検討していきたい。

①　この単元に適した思考ツールはどれか

　同じ単元で，同じ教材を用いても学習の流れが教師によって異なるように，児童生徒に考えさせたいことも教師によって異なるはずである。考えさせたいことが変われば，当然，期待する思考スキルも変わってくる。そのため，この単元ならこの思考ツール，と限定することは難しい。まずはその単元において期待する思考を思考スキルの視点から具体化することが重要となる。

②　思考ツールとワークシートの違いは何か

　思考ツールは「思考を支援するための道具」である。しかし，それだけであれば先生方はこれまでもワークシートという形で授業中に期待する思考を支援してきたはずである。思考ツールとワークシートの一番の違いは，思考ツールは「思考を支援するための道具」であると同時に，「思考スキルの発揮を促すための道具」でもあるという点である。そのために思考ツールはシンプルな形をしており，同じ思考スキルが発揮される場面であれば，教科等が違っても同じ思考ツールを活用することができる。これによって，教科等を超えた思考スキルの発揮を促すことを期待している。

③　思考ツールを授業に合うようにアレンジして形を変えたいのだが，よいのか

　思考ツールを「思考を支援するための道具」と見れば，授業に合わせてアレンジし，ワークシート化するのは一つの方向性として考えられる。しかし，「思考スキルの発揮を促すための道具」として見れば，アレンジをせず，そのままの形で活用することが有効である。同じ形のツールが教科を超えて繰り返し出てくることによって，児童生徒に「教科の内容は違っても考え方は同じ」という思考スキルへの気づきを促し，思考スキルを意識的に発揮，習得することを期待するため，できれば思考ツールはそのままの形で活用するのがよい。

④　低学年に合った思考ツールはどれか

どのツールでも低学年から活用することは可能であると思われる。しかし，低学年において，「推論する」や「構造化する」「抽象化する」という思考スキルが求められる場面はそう多くはないだろう。さらに低学年であれば，「比較して読むこと」や「仲間分け（分類）して，上位語の概念を理解する」「わけを話そう（理由づけ）」というような思考スキルの習得，体験そのものが授業目標になることもある。「比較する（ベン図）」「分類する（X，Yチャート）」「理由づける（クラゲチャート）」などのシンプルな思考ツールの活用機会が多いことが想定されるので，そのあたりから進めていくのがよいと思われる。

⑤　思考ツールは時間をとって練習させてから活用するほうがいいのか

これまで，ワークシートの書き方を練習していなかったように，思考ツールもわざわざ練習の時間を特設することは必須ではないだろう。先ほど示したように思考スキルの体験，習得自体が目的になる単元では，思考スキルを意識しながら思考ツールを使う練習をするのがよいだろう。一方で，初めて使うときには，この思考ツールはどのような思考スキルと関係しているのか，どこにどのような内容を書くのかなどは指導する必要がある。最初は教師が板書で整理しながらクラス全体でまとめる，慣れてくると個人で，というように少しずつ段階を経ながら経験させることが有効だろう。

⑥　思考ツールを児童生徒に選ばせたいのだが，そのためにどう指導するのか

いずれは思考ツール自体を児童生徒が選択したり，思考ツールを使わずに考えたりできるような児童生徒の姿を期待したい。そのためには，第Ⅱ章で示したように，まずはいろいろな教科等の中で思考ツールを思考スキルと対応づけて活用する機会をたくさん取ることが重要である。今日の授業の目標と思考スキル，思考スキルと思考ツールの関係についてまずは教師が具体的に明示しながら活用させる機会をつくることが重要である。それに慣れてくると思考スキルと思考ツールが児童生徒の中でつながってくるので，例えば「比較する」というキーワードが出れば「ベン図」という思考ツールを選択できるようになっ

てくるだろう。そうなれば次はそもそも今日の目標を達成するためにはどのような思考スキルを発揮させる必要があるか，ということから一緒に考えたり，児童生徒自身が選択したりする機会をつくっていったりすることによって，自ら思考スキルを選択，発揮し，問題解決することができる児童生徒の育成を目指すことができるだろう。教室の端に思考ツールコーナーをつくり，扱うたびに思考ツールを増やしていき，必要に応じて思考ツールを活用できるような環境をつくる。慣れてくるとその思考ツールコーナーに白紙を追加し，ベン図がなくても比較できる，思考ツールがなくても思考スキルが発揮できるような児童生徒の姿を促していくことが重要になる。

⑦　学校全体で進めていくためにはどうすればいいか

思考スキルは 19 種類もある。学校全体で統一して進めていくためには，教師にとっても，児童生徒にとっても少し多すぎる可能性がある。学校全体で進めていくことを考えれば，例えば，各学年で大事にしたい思考スキルを 3 つ選び，その思考スキルの発揮が期待されるときには絶対に思考ツールを使う，というように，種類を絞って活用経験を積み重ねていくことが有効であるように思われる。さらに学年ごとに，思考ツールをどの程度選択させられるようにするのか，ということも想定しておけば，教科等横断的，そして，学校全体で体系的に思考力の育成を目指すという取り組みが可能になるだろう。

2　思考ツールの活用をどのように評価するか

(1)　思考ツールは評価の対象になるか

　思考力の評価のために，思考ツールをどのように評価していくのか，という質問もよく受ける質問である。授業で活用した思考ツール自体を評価の対象にすることも考えられるが，それだけでは思考力の評価にはならないことに留意したい。

　第Ⅱ章でも述べたように，思考スキルの視点からの思考力育成とは，思考力という大きな能力を「思考スキルの習得」「文脈に応じた思考スキルの適切な選択」「思考スキルを用いた問題解決」の3つに分解して捉える試みである。

　思考ツールを評価の対象にすることによって「思考スキルの習得」「文脈に応じた思考スキルの適切な選択」の様子を評価することが可能だろう。

　「思考ツールを適切に使えているか」を評価することによって，思考スキルの習得具合を見取ることができるし，ある程度，想定された文脈で適切な思考スキルや思考ツールを選択させれば，「文脈に応じた思考スキルの適切な選択」の様子を評価することができるだろう。しかし，それだけでは，思考力全体を評価したことにはならない。それらの評価に加えて，「思考スキルを用いた問題解決」の様子を捉えることが必要であり，これは文脈の中での活動の様子を捉えることでしか評価することは難しいと思われる。

(2)　思考ツールで児童生徒の思考過程を評価する

　一方で，結果としての文章と過程としての思考ツールの選択，活用の状況を分けて捉えることで，児童生徒の学習状況を捉えることが可能になる。

　社会科の単元のまとめの場面で，文章を書かせる前に思考ツールで情報を整理させた上で，文章を書かせた大阪の公立小学校で取り組んだ実践での事例を紹介しよう。

社会科「わたしたちのまちのようす」の単元では，地域の様子を調査し，地域の特色について理解することが目的となっている。学習指導要領では「自分たちの住んでいる身近な地域や市（区，町，村）について，次のことを観察，調査したり白地図にまとめたりして調べ，地域の様子は場所によって違いがあることを考えるようにする」ことが目的となっており，思考スキルで言えば，「比較する」ことを目的とする単元である。

2つの地域の調査を行った後，「比較する」に対応する思考ツールであるベン図を用いて情報を整理した後，その違いについて文章にまとめる活動を行った。今回は思考ツールを児童に選択させるのではなく，教師が指定する形での実践である。そして，文章の評価に加えて，ベン図をどのようにまとめているのかを合わせて評価することで子どもの思考をより詳細に評価しようとした。

ベン図の評価と作文の評価をプロットしたのが次の図 3-1 である。

ベン図が正しく活用されており，そこに内容がまとめられているかどうかの評価が横軸，それぞれの地域の違いについて書かれたまとめの作文に対する評価が縦軸である。ベン図にきちんと情報を整理できているほど右に，作文がよく書けているほど上のほうにプロットされる。

横軸は思考スキルの理解状況，縦軸が思考スキルを発揮した問題解決の結果である。

右上の領域に位置するのが 2 つの地域の調査から得られた情報を適切にベン図を用いて比較することができ，作文をまとめることができた児童である。多くの児童が調査した内容をベン図にまとめ，その記述をもとに地域の違いや共通点について作文にまとめるこ

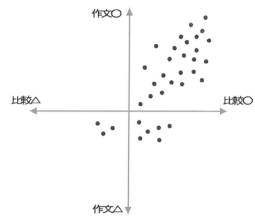

図 3-1 「比較」と「作文」の評価結果のプロット図

とができていた。右上に位置する児童はそれぞれの地域の違いだけでなく，比較をもとにそれぞれの地域の特徴にまで言及できている児童である。

　多くの児童がそれぞれの地区の違いや共通点について記述しており，ベン図にまとめることで社会科の目標である「地域の様子が場所によって異なる」ことについて気づいている様子が見て取れた。

　また，右下の領域に位置する児童は，比較はできているが作文にうまくまとめられなかった児童である。本単元の目標である「地域の様子は場所によって違いがあること」はベン図に整理することができているため，思考スキルは習得されていることはわかるが，それがうまく言語化できていない児童が数名いることがわかる。このような児童に対しては，思考ツールに整理した情報を文章化するための支援が必要になるだろう。

　また，左下の領域に位置する児童は，ベン図も作文もうまくまとめられなかった児童である。そのような児童に対しては，まずはベン図の書き方を改めて確認するとともに，今回の授業の目標に応じて，何に着目して比較するのか，といったことを指導する必要があるだろう。

　このように，最後のまとめの作文に加えて，思考ツールを評価の対象に加えることによって，児童の思考過程を把握することができ，多様な評価が可能になるだろう。この取り組みでは，活用する思考ツールは教師から指示したが，これを児童に選択させれば，文脈に応じて思考スキルを適切に選択できるか，も評価することができるだろう。

　また，教科等で活用した思考ツールをポートフォリオ化しておくことによって，自分がよく使う思考ツールは何か，やそれぞれの思考ツールがどの教科等の場面で活用されてきたのか，思考ツールの使い方がどのように変化してきたのかなどを確認することができる。このようなポートフォリオを評価の対象とすることで，児童生徒の成長過程を見取ることも可能になるだろう。

3 思考ツール×ICT

　思考ツールも1人1台端末も探究的な学びを進めていくための道具である。そして、これらが組み合わせられることによって、自律的な探究が実現されやすくなるだろう。

　思考ツールと1人1台端末をどのように組み合わせることで、どのようなことが可能になるのかについて検討しよう。

(1) 思考スキルの発揮自体は変わらない

　まず、前提として共有しておきたいのは、1人1台端末上で思考ツールを活用したとしても、思考スキルの発揮自体には違いがないということである。「紙よりも端末上でベン図を使うほうが共通点がたくさん見つかる」ということは考えにくい。1人1台端末によって支援されるのは、思考ツールの前後の活動である。

(2) 思考ツールに含まれる情報が多様になる

　端末上で思考ツールを活用することで、思考ツールで整理する情報が多種多様になる。紙の思考ツールであれば、文字の情報しか扱えないが、端末を活用することによって、写真やWeb情報、映像や音声なども整理の対象とすることができる。また、個人で集めた情報を思考ツールで整理する際に、わざわざ付箋に書き直したりする必要もなくなる。多様な情報を整理し、思考を深めることが可能になる。

(3) 思考ツールの保存、共有が容易になる

　デジタルの利点は保存、共有のしやすさである。思考ツールでもこの利点は発揮される。1人1台端末上にこれまで活用した思考ツールが蓄積されていることで、例えば、前回の単元で使った思考ツールを参考に考えたり、自分のつ

くった思考ツールを友達と共有したりしながら，このツールの整理からわかることは何か，などを一緒に検討することもできるだろう。

⑷　友達の思考過程を参考に学ぶことが可能になる

　探究的な学びでは，児童生徒一人ひとりで課題や学習方法が違ってくる。思考ツールで言えば，それぞれの児童生徒の課題に合わせて，選択する思考ツールは異なってくることが想定される。クラウド上の共同作業によって，作業過程が共有されていることによって，友達の学習過程，思考過程を参考にしながら学ぶことが可能になる。

　例えば，スライドアプリやホワイトボードアプリを共同編集し，1人1枚のスライドで思考ツールを選択して整理したりすれば，クラスの友達がどの思考ツールを選んだのか，また，どのような情報を整理しているのかを常に参照することができる。そのことは，学習を進めていく際の参考になるし，クラスの友達の考えを参照しながら，自分の考えを深めていくための支援にもなるだろう。

　「整理・分析」の段階を支援する思考ツールと，「情報の収集」「まとめ・表現」，そして「保存・共有」を支援してくれる1人1台端末を活用することによって，児童生徒の探究的な学びを実現することが求められる。

シンキングツール® の広がり

関西大学教授　黒上　晴夫

(1) グラフィック・オーガナイザーの黎明

　マニュアルや参考書には，「図説」「図解」を売りにするものが多い。図で示すことがもてはやされるのは，図が複雑な情報の核心部を切り取って構造化してくれるからだ。このような目的で用いられる図は，グラフィック・オーガナイザー（これ以降，G.O.）と呼ばれる。図を使った説明は新しいことではないが，この語が用いられるようになったのは 1980 年代である。図が情報を構造化する機能は，文章読解を助けるなど，学習場面にも役に立つ。図解は，複雑な情報のメタ認知を促して理解を助けるのである（Bean 他 1986）。

　一方，学習者が考えを深めたり表したりすることをサポートする意味でも，図は使われる。ハイルは 1988 年に，8 つの G.O. からなる Thinking Maps® を提唱した（Hyerle 1989）。これは，学年や内容領域を超えて，共通する 8 通りの思考プロセスを視覚的に教えることを目的としている。物事の複数の特徴や属性を表すための Bubble Map や，分類を表すための Tree Map などである。

　数学の集合論では，複数の集合の関係や，集合の範囲を視覚的に表すためにベン図が用いられる。集合論では，ベン図の区切られた領域は，積集合と差集合である。比較する思考スキルを教える際，そこには物事の共通する特徴，固有の特徴を書き入れる。

　水平思考を提唱するビジネスコンサルタントの De Bono は，議論を効率的に進めるために色で視点を制限する Six Thinking Hats や，対象を長所・短所の両面から見るだけでなく，長短は明確でないが検討に値する面も含めて可視化する PMI（Plus, Minus, Interesting）を広めてきた。これらの方法は，学校でもよく用いられている。

(2)　日本での活用：シンキングツール®

　黒上らは，海外で用いられているG.O.を収集・整理し，独自なものを追加して，2012年に電子冊子を公開した（黒上他 2012）。ここでは，クラゲチャートやキャンディチャートなど，20種類のG.O.と4つの手法が紹介されている。黒上らは，学習者の「思考」に焦点化する意味で，これらをシンキングツールと呼んでいる。この書の公開以来，シンキングツールの活用が急速に国内で広まった。学習指導要領解説総合的な学習の時間編にも，「思考ツール」という名称で，考えるための技法の指導時の活用や，教科を超えた活用について触れられている（小学校は p. 51, 86, 118, 中学校は p. 50, 82, 113, 高等学校は p. 52, 127）。また，タブレット端末やコンピュータで利用できるデジタル・シンキングツール機能をもったアプリも開発されている。

　シンキングツール活用時の留意点を2つ指摘しておく。最重要点は，活用の目的である。ツールには情報やアイデアを書き出して整理するが，次のステップでは，それを元に各自が考えをつくって表明することを大事にしたい。どのように考えをつくり出すか，そのプロセスに合わせてツールはつくられている。

　2つめは，ツールのアレンジについてである。ある意味ただの図なので使い方に制限はかけられないが，本来の思考プロセスに沿った使い方を理解してから使うようにしたい。でなければ，それはその時だけ使うワークシートとしての機能しか持たないことになる。

Bean, T.W., Singer, H., Sorter, J. and Frazee, C.（1986）. *The Effect of Metacognitive Instruction in Outlining and Graphic Organizer Construction on Students' Comprehension in a Tenth-Grade World History*, Journal of Reading Behavior 18(2) 153-169.

Hyerle, D.（1989）. *Expand Your Thinking*, Stamford, Conn.: Innovative Sciences Inc.

黒上晴夫，小島亜華里，泰山裕（2012），シンキングツール〜考えることを教えたい〜，NPO法人学習創造フォーラム（https://ks-lab.net/haruo/thinking_tool/short.pdf）

第 IV 章

思考スキルを促す
思考ツールの例

1 ベン図

「比較する」を支援する思考ツール

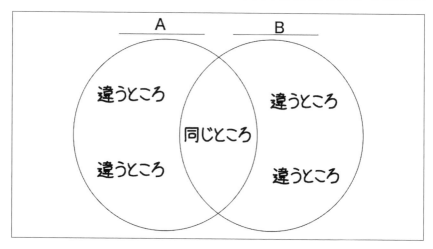

(1) 思考ツール解説

「ベン図」は「比較」を支援するための思考ツールである。円で重なりの部分に共通点，重ならない部分にはそれぞれの特徴，相違点を記入する。

ベン図は最もシンプルな思考ツールの1つであり，低学年から活用する機会の多いツールであろう。

算数・数学領域においては円の枠外に配置することもあるが，「比較する」思考スキルを促す場合には枠外への配置はあまり想定されない。

円の横に比較する視点を書くこともあるが，すべての項目に対して，1対1で対応させて比較する必要がない場面も多い。共通点だけが大事，という場合は共通点のみ記入させることも想定される。

円の数を増やすこともできるが，数が増えると途端に複雑になるので注意が必要である。

(2)　使い方

① 　それぞれの円の上に，比較の対象を記入する。

② 　Aにしかない特徴は左側の円のところに，Bにしかない特徴は右側に，AとB両方に共通して見られる特徴は重なった部分に記入する。

③ 　児童生徒と相談の上，事前に比較の視点をベン図の横に記入しておくこともできる。

(3)　使用できる場面

比較する，対比させて捉える，などの場面で活用する。

例えば，社会科の町探検の場面で，それぞれの地域見学に出かけたときに見つけたもの，両方に共通して見られたものを記入し，それぞれの地域の特徴に気づかせる場面で活用することが考えられる。

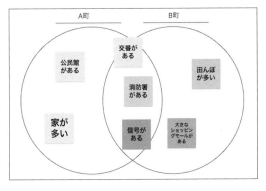

「比較する」ことが求められる場面はたくさんあるので，例えば，小学校1年生国語科「どうぶつの赤ちゃん」のように，それぞれの動物の成長の様子を対比させながら読むような場面や，小学校4年生国語科の「ごんぎつね」のように，登場人物の心情などを対比させながら読む場面などでも活用できる。

他にも，体育科の中で「自分の動き」と「お手本や友達の動き」を比較しながら，自分の動きの修正点を見つける場面や，音楽科の中で2つの地域の民謡の特徴を比較しながら，それぞれの地域の民謡の特徴と民謡という音楽に共通する性質を見つけるなど，さまざまな場面で活用することができる。

何と何を，どの視点で比べるのか，ということを児童生徒と共有した上で活用することが大切である。

2 座標軸

「比較する・分類する」を支援する思考ツール

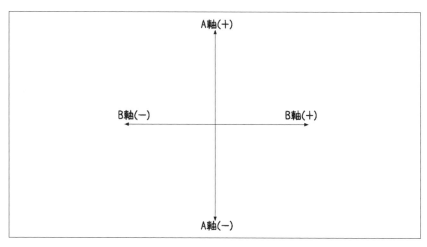

(1) 思考ツール解説

　「座標軸」は縦と横の2つの軸を設定し，その視点で対象を配置して対象同士を「分類」したり，「比較」したりすることを支援するための思考ツールである。それぞれの視点を何に設定するのかは課題によって異なる。

　自分の考えやアイデアを設定した軸の上にプロットすることによって，クラス全体の傾向を捉えたり，それぞれのアイデア，考えの特徴に気づいたりすることを促すことができる。

　座標軸は純粋に4つに分けて整理するのではなく，それぞれの軸の強さを自分で判断してプロットすることができるため，より詳細な「分類」「比較」を行うことができる。

　座標軸の活用の際には，観点をどのように設定するのかが重要である。いずれは児童生徒自身が比較の観点を自ら設定できるようになることが期待されるので，この課題に対して，なぜこの観点で比較するのか，ということを児童生徒と共有した上で活用することが大切である。

⑵　使い方

①　それぞれの軸に観点を設定する。

②　観点に応じて，自分の考えやアイデアについて座標軸上にプロットする。

③　座標軸上に整理したものをもとにした議論で考えが変わった場合には，再度プロットし直すことも考えられる。

⑶　使用できる場面

　評価の軸を設定して，考えやアイデアを比較する場面で活用することができる。座標軸の場合は，ベン図とは異なり，「比較」や「分類」，「多面的にみる」などが複合的に発揮されることになるだろう。

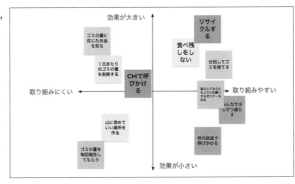

　対照的な観点が具体的に想定できること，そして，比較や分類の対象の数が多い場面で活用するのがよい。

　例えば，総合的な学習の時間でゴミを減らすための取り組みについて効果の高さ，と取り組みやすさ，の2つの視点でみんなが出したアイデアを比較し，これからの問題解決の取り組みを検討するなどの場面で活用することができる。

　他にも，クラス全体で1つの座標軸を用いて，道徳科や学活の時間に，「賛成・反対」や「自信あり・なし」などの軸を設定し，自分の名前を座標軸上にプロットさせることによって，クラス全体の傾向を捉えた上でディスカッションするなどの場面で活用することも想定できる。

　何か1つの対象に対して，「よいところ・悪いところ」「生活に身近・身近ではない」などの視点を設定すれば，「評価する」という思考に近い思考が促される。

　場面と観点のつながりを児童生徒と共有した上で活用することが大切である。

3 「分類する」を支援する思考ツール
Yチャート，Xチャート

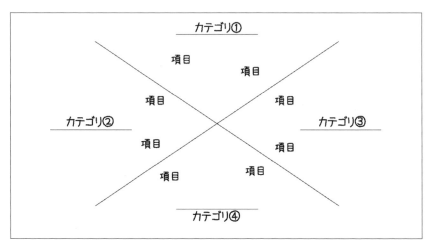

(1) 思考ツール解説

　カテゴリを設定し，項目を記入していくことで「分類する」ことを支援するための思考ツールである。分類の視点が3つのときにはY，4つのときにはX，5つのときにはWを設定する。

　また，先に視点を設定しておくかどうかでも働かせる思考は異なる。先に視点を設定しておく際には「多面的にみる」と関係が強くなるだろう。その際は，なぜこの視点で「分類する」のかを十分に検討しておく必要がある。

　また，似ているものを集め，グループをつくっていくのであれば，Yチャート，Xチャートのように事前に分ける数が決まっていることが思考を妨げる場合もあるので，その際には付箋を自由に分類しながら丸で囲むほうがよいこともあるだろう。

　「分類する」はシンプルな思考ながら奥が深く，適切な分類基準は目的によるところが大きい。「その他」のカテゴリをつくるかどうかなど，目的に応じた分類基準の検討が重要となる。

⑵　使い方

① 　それぞれの部屋にカテゴリを設定する。

② 　それぞれのカテゴリに応じて，対象を分類して記入する。

③ 　カテゴリは事前に設定する場合も，似たものを集めた上でカテゴリをつくる場合もある。

⑶　使用できる場面

　「分類する」を支援するY，X，Wチャートも多くの場面で活用することができる思考ツールである。例えば，社会科でイタリアの政治について調べた内容を「教育」「文化」「観光」「日

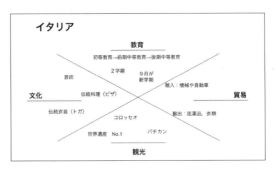

本との貿易」などの視点で分類して整理することで，その国の特徴について捉えたり，他の国と比較したりする場面で活用できる。

　他にも，国語科で物語文をそれぞれの登場人物や五感などの視点から描写を抜き出して分類することで，物語の構造を捉える，などの場面でも活用することができる。

　たくさんある情報を観点に沿って分類することで整理する先にはYチャートやXチャートが有効だが，事前にカテゴリを設定せずに，分類しカテゴリをつくっていくような場面では付箋を分類するような支援が有効な場面も考えられる。事前に設定したカテゴリに沿った分類か，分類からカテゴリを作成するのかによって，使い分ける必要がある。

　他の思考スキル，思考ツールでも同様だが，「何のために分類するのか」を児童生徒と共有することが大切である。目的に対してどのような分類が有効であるか，カテゴリに「その他」を含めるか，などを児童生徒と一緒に検討することが必要である。「分類のための分類」にならないように注意が必要である。

4 コンセプトマップ

「関係づける」を支援する思考ツール

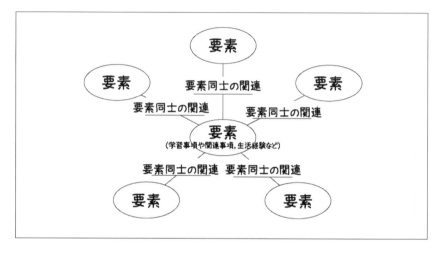

(1) 思考ツール解説

　事象同士，要素同士を「関係づける」ことを支援するための思考ツールが「コンセプトマップ」である。丸の中に要素や対象を配置し，それぞれを線でつなぎ，その後，線の上にどのような関係にあるのかを記入する。

　上図では中心から広がるような形になっているが，中心はなく，それぞれの要素が並列に並ぶこともあるし，上下関係のような構造になることも考えられる。

　要素は事前に教師が準備することもあるし，要素自体を児童生徒が考えることも想定できる。いきなり，たくさんの要素があると関係づけるのが難しくなるので，初めのうちは扱う要素を限定して，慣れさせた後，いずれは何と何の関係を検討するのか，という要素自体の検討も児童生徒が行えるような指導が有効であろう。

⑵　使い方

① 関係づける対象となる事象や要素を丸の中に書き込む。

② 関係のある要素同士を線でつなぐ。

③ 線の上にそれぞれがどのようなつながり，関係があるのかを記入する。

⑶　使用できる場面

　「関係づける」を支援するのがコンセプトマップである。例えば，社会科の時間に，真ん中に「私たちの生活」，周辺に「警察署」「消防署」「病院」「市役所」などの暮らしを支える公共施設を配置しておく。そして，それぞれがどのように関係しているのか，それが

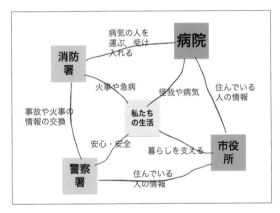

「私たちの生活」とどのようにつながっているのかをコンセプトマップで整理することで，それぞれの施設がどのように連携しているのか，それが私たちの生活とどのように関係しているのかを検討することができる。

　国語科でこれまで活用されてきた人物相関図も，コンセプトマップと同様の思考を支援するための道具である。それぞれの人物と主人公の関係，人物同士がどのように関係しているのかをまとめることで，物語の全体像を把握することができる。他にも国語科では，文章の中に出てくる文章や段落がどのように関係しているのか，社会科では，家の作りと生活の工夫や気候の特徴の関係，理科では，製品の特徴と物質の性質の関係，などのように要素同士の関係を整理することでその全体像を捉える場面で活用することが有効である。

5 同心円チャート

「関連づける」を支援する思考ツール

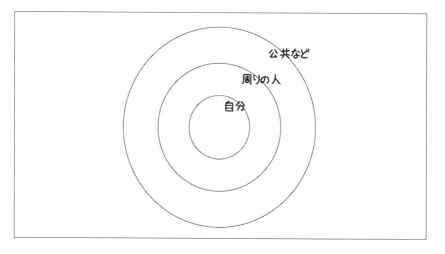

(1) 思考ツール解説

　「関連づける」は「学習事項と実体験・経験のつながりを示す」という思考である。「関係づける」と重なりの多い思考であるが，事項同士のつながりを見つけることと比べて，そこに自分の生活や体験・経験などが要素として含まれることが特徴である。

　そして，それを支援するための道具が「同心円チャート」である。中心に「自分」を置き，そこから広がっていくように学習事項や要素を配置することによって，自分と学習事項とを「関連づける」ことができる。

　それぞれの円の視点を何にするか，それが今日の課題とどのようにつながっているのかについて，共有した上で活用することが大切である。学習事項が自分とどのようにつながっているのかが明示されるので，同心円チャートに整理した後に，学習事項と自分とのつながりについて考える場面を設定するのが有効である。

(2)　使い方

① それぞれの円に視点を書き込む。

② 学習したことや要素を同心円上に配置していく。

③ 学習事項，要素同士を線でつなぎ，さらなる関連を検討する。

(3)　使用できる場面

　総合的な学習の時間などで，「よりよい街をつくるための取り組み」をグループやクラス全体でアイデアをあげ，それを，「自分たちでできること」「周りの人の協力が必要なこと」「日本全体での取り組みが必要なこと」に分けることで，何から取り組むかを検討するなどの場面で活用することができる。

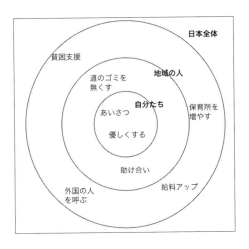

　他にも，社会科や理科で学習したことを「自分の生活」「日本全体」「世界全体」のどこにつながるものなのかを検討することによって，単元の学びが自分たちの生活とどのように関係しているのかを整理することが可能になる。

　他の思考ツールと同様，なぜこの視点なのか，この視点と目標がどのようにつながっているのかを児童生徒と共有した上で活用することが大切である。

　いずれは児童生徒が思考ツールのみならず，その観点も自分で設定できるような支援が求められる。

6 イメージマップ

「広げてみる」を支援する思考ツール

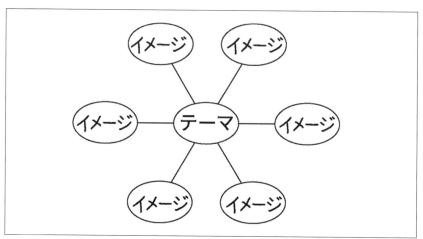

(1) 思考ツール解説

　「イメージマップ」はとてもシンプルな思考ツールで，テーマを「広げてみる」ことを促すための思考ツールである。中心に考えたいテーマを置き，そこから連想されることをどんどんつなげて広げていく。上図では，テーマから6つのイメージが広がっているが，事前にその数を指定しておくわけではなく，広がったイメージからさらに広げていったり，広げたイメージ同士がつながったりすることも考えられる。

　イメージマップを活用するとき，「夏」から「アイス」，「アイス」から「チョコ」といったように，連想ゲームのようにイメージが広がりすぎてしまうことがある。その際には，中心のテーマから離れすぎないように指導することが大切である。

　単元で学ぶ知識を中心にしたイメージマップを単元の最初と最後で作成して比べることで，学んだ知識だけでなく，そのつながりについて把握したりすることも可能である。

(2)　使い方

① 中心に考えたいテーマを設定する。

② そこから連想されることをたくさんあげて，円で囲み，広げていく。

③ 広げたことからさらにつなげたり，広げたイメージ同士のつながりも合わせたりして検討する。

(3)　使用できる場面

テーマに対するイメージを広げたり，知識を広げたりするためのツールである。

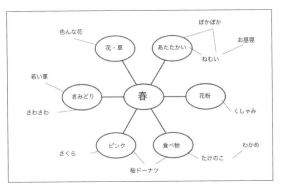

例えば，国語科で「春」についての詩を書くために，「春」に対するイメージをイメージマップで広げることで，何をテーマに詩を書くかを決めたり，「運動会」をテーマに印象に残ったことや経験したことのイメージを広げていくことで，作文のテーマを決めたりする場面で活用することができる。

他にも理科の時間に「台風」について知っていることをイメージマップで書き出していくことで，身近な事象について自分が何を知っていて，何を知らないのかを把握することもできる。それを単元の後に作成すれば，自分がこの単元で具体的に何を学んだのか，それは知識の量（丸で囲む要素の数）が増えたのか，知識のつながり（要素同士をつなぐ線の数）が増えたのか，を見取ることもできるだろう。

イメージマップでテーマに対するイメージを広げた後は，自分がどこに焦点を当てるかを決めたり，どの部分のイメージが多くて，どの部分が少ないのかなどを検討したりすることで，学習を深めることが必要となる。

7 「順序立てる」を支援する思考ツール
ステップチャート

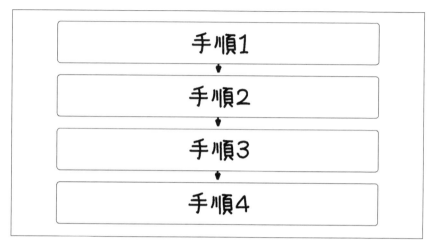

(1) 思考ツール解説

　「ステップチャート」は「順序立てる」思考を支援するための思考ツールである。必要な手順を想定し，並び替えることによって，順序を考える思考が促される。順序を決める要素は「時系列」「重要度合い」「説明・論理の順番」など，状況に応じてさまざまである。

　順序立てるためのステップチャートでは，その順番を考えることが重要になるため，最初のうちは手順の要素は教師が与え，その順番だけを児童生徒に考えさせる，慣れてくると要素自体を児童生徒が考える，などの指導の段階も想定できる。

　ステップチャートは並び替えが重要となるため，付箋ツールなどを活用して，その要素の並び替えが簡単にできるような支援を行うことが必要である。

　このような順序の検討に「分岐」や「繰り返し」，「並列処理」などの発想を加えることで，プログラミングの際に求められるフローチャートの概念にもつなげることが可能になる。

(2)　使い方

① 　手順に必要となる要素をあげる。

② 　その要素を基準に沿って並び替えて，順番を検討する。

(3)　使用できる場面

　ステップチャートは「順序立てる」ことを支援するためのツールである。手順を考えたり，物事の順序を追ったりする際に活用できる。

　例えば，理科の実験に必要な要素をたくさんあげた上で，何から順番に取り組むのかを並び替えて，実験の計画を作成した

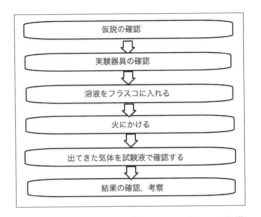

り，社会科見学に行くときの行程をステップチャートに整理して，何から準備するのか，どの順番で見学するのか，などを考えることもできる。

　また，国語科の物語文で，物語で起きたことをステップチャートに整理していくことで，物語の出来事の順序を捉えることができる。物語の中でどんな出来事がどんな順番で起きたのか，何と何が同時に起きたのか，などを図で整理することによって，物語の順番，構造を読み取る際のヒントになるだろう。

　他にも，生活科でおもちゃ作りの説明書を作成する際に，どんな順番でやるのかをステップチャートに整理することで，説明をしやすくすることも想定できる。初めのうちは，ステップチャートのそれぞれの枠に，「さいしょに」「そして」「さいごに」などのような言葉を記入しておくことで説明するヒントを与えることも考えられる。児童が慣れてきたら，その言葉は外して，作成したステップチャートを見ながら自分なりに説明できるようにするとよいだろう。

8 クラゲチャート

「理由づける」を支援する思考ツール

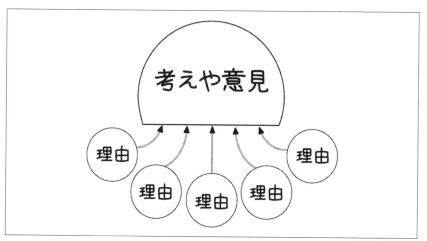

(1) 思考ツール解説

　「クラゲチャート」は「理由づける」思考スキルを支援するための思考ツールである。「理由づける」は多くの学習場面で求められる思考であり，クラゲチャートの活用場面も多い。上図では，理由を書く箇所が5つ設定されているが，全部埋める必要もないし，6つ目があれば，足を追加してもよい。

　頭の部分に自分の考えや意見，足にはそう考えた理由や根拠を記入する。足の部分に記入された理由が考えや意見を下支えしているイメージを共有することが重要である。

　「理由づける」ことを支援するためには，頭の部分に入る自分の考えや意見を考えるために使うのではなく，ある程度まとまった意見を説明する際に活用することになる。足の部分を埋めてから頭を埋めるという順番で活用すると「理由づけ」の思考ではなくなるので，注意が必要である。

　クラゲチャートに整理することで，「私はこう思います。なぜなら〜」という形で考えを整理しやすくなる。

(2)　使い方

① 　頭に自分の考えや意見を記入する。

② 　足の部分にそう考えた理由や根拠を記入する。

※足は全部埋めてなくてもいいし，足りなければ足してもかまわない。

(3)　使用できる場面

「自分の考えを理由とともに説明する」場面で活用することができる。例えば，国語科で物語文の解釈とその解釈の理由をクラゲチャートに整理することで，「なんとなく」ではなく，本文中の記述や自分の経験をもとに理由を説明することができる。

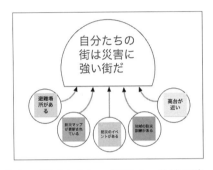

他にも，例えば社会科「自然災害にそなえる街づくり」の単元で，地域の防災に関わる施設や人々の努力などについて勉強した後で，「自分たちの街は災害に強い街だ」という意見とその理由を整理することによって，学習事項を根拠にして，自分の考えを述べることができるだろう。同様に，理科の時間に「雨が降る」という現象の理由をクラゲチャートに整理することで，学習したことを根拠に現象を説明することを支援することも考えられる。

他にも生活科で，家の手伝いをした後に「お皿洗いは大変だ」という自分の意見，足の部分になぜそう考えたのかを経験したことを理由に記入していくことによって，家で経験してきたことを根拠にして考えることを支援することができるだろう。頭に「遠足は楽しかった」，足にそう思った理由を整理すれば，日記を書く内容を考えるための支援になる。

このように自分の考えとその理由を合わせて整理することを支援する思考ツールを複数の教科で活用することによって，「理由づける」思考スキルを発揮させ，習得させるためのツールとして活用することが求められる。

9 フィッシュボーン図

「理由づける」を支援する思考ツール

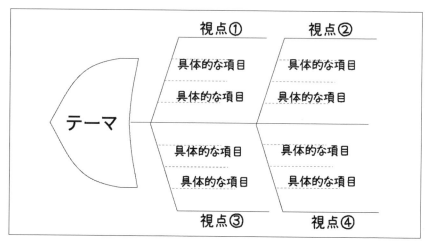

(1) 思考ツール解説

　「理由づける」ための「フィッシュボーン図」は，クラゲチャートの足の部分をより詳細に記述するイメージである。頭の部分に考えたことやテーマ，中骨にそう考えた理由，小骨にその根拠を記入していく。

　一方で，理由を探るために根拠となる情報をたくさん集め，それを「分類」して，理由としてまとめる，というような使用方法も想定できる。

　どの部分を児童生徒に整理させるのか，どこから埋めていくのか，によって働く思考スキルが異なるため，授業の目標と働かせたい思考に合うように活用する必要がある。

　フィッシュボーン図は「特性要因図」と呼ばれる図をもとにした思考ツールであり，もともとは問題とその原因や要因を分析するために用いられるツールである。「理由づける」ことを支援するためのフィッシュボーン図では，問題や特性，結果だけでなく，学習対象となる事項を支える要因を整理するために活用することが求められる。

(2)　使い方

① 頭に考えたいテーマや事象，自分の考えを記入する。

② 中骨の部分にそのテーマを支える視点を埋める。

③ 小骨の部分にその理由の根拠となる具体的な情報や考えを記入する。

※テーマの根拠となる情報を小骨に配置し，そこから中骨に視点を整理することも考えられる。

(3)　使用できる場面

フィッシュボーン図では，クラゲチャートよりも詳細に理由と根拠を整理することができるため，国語科で意見文を書く際にテーマに対する自分の考えとその理由，理由を支える具体的な事例を整理す

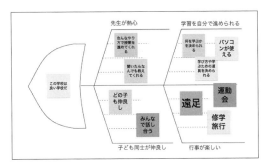

ることで，より詳細な根拠とともに自分の考えを説明することを支援することが可能になる。

国語科では，他にもディベートの場面において，「ペットは幸せだ」という主張に対して，さまざまな理由を想定し，中骨に「住むところ」「食事」「愛情」「自由」などと記入し，それぞれに具体的な事例を記入することで，主張に対する理由とその根拠を想定して整理することができる。

他にも，例えば社会科において「鎌倉幕府の成立」というテーマに対して，教科書やその他資料から得られた具体的な情報を小骨に配置していきながら，それを「分類」し，「武士が力をもつ仕組み」「権力維持のための仕組み」などの幕府が成立，継続した理由を事実や出来事から見つけていく，というような活用方法も考えられる。

フィッシュボーン図を活用することで，テーマに対して，理由と具体的な根拠をもつことを支援することができる。

10 くまで図（Y，Xチャート）
「多面的にみる」を支援する思考ツール

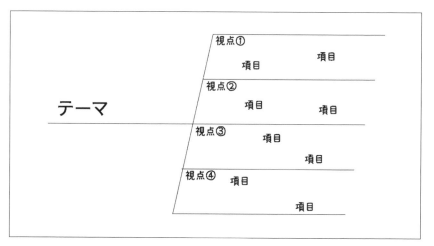

(1) 思考ツール解説

「くまで図」は「多面的にみる」ことを支援するための思考ツールである。1つのテーマに対して，それぞれの視点を設定し，その視点から対象を見ることで，「多面的にみる」思考が促される。

どのような視点で見るのかは授業の目的や文脈によって異なるが，例えば「見えたもの・聞こえたもの・触った感じ・匂ったもの・味わったもの」などの五感の視点や「色・形・大きさ」といったような具体的なものから，立場や着目点などのような抽象的な視点なども考えられる。

「分類する」を支援するための思考ツールである「Y，X，Wチャート」も事前にそれぞれの視点を設定すれば，「くまで図」と同様に「多面的にみる」ことを促すための思考ツールとして活用することができる。

いずれは，児童生徒が自ら視点を設定することが期待されるため，なぜその視点で見ることが重要なのか，課題や目的と視点との対応について，児童生徒と共有しながら活用することが重要である。

⑵　使い方

①　左側に考えたいテーマや対象を記入する。

②　くまでのそれぞれの枠に見る視点を記入する。

③　それぞれの部分にその視点から見た項目を記入する。

⑶　使用できる場面

　くまで図は「多面的にみる」ことを支援するための思考ツールである。例えば，公園に行ったときの経験を五感で整理させることによって「見たもの」「聞いたもの」「におい」「触ったもの」の視点で体験を整理させることができる。夏に公園に行ったときのくまで図と秋に行ったときのくまで図を見比べることで，夏と秋の色の違いや，聞こえる音の違いなどの気づきを促すことができるだろう。

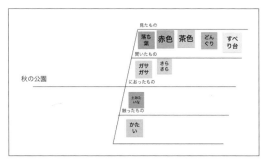

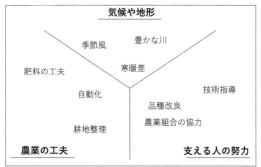

　Ｙチャート，Ｘチャートも同様の活用が可能である。例えば，社会科で地域の農業が盛んな理由を３つの視点で多面的に整理することで，それぞれの立場に立って物事を見ることを促すことが可能になる。

　どちらの思考ツールを活用しても「多面的にみる」ことが促されるが，大事なことは児童生徒が「多面的にみる」という思考をしていることを意識していること，そして，なぜこの場面で「多面的にみる」ことが必要で，この視点が重要なのか，ということを児童生徒と共有した上で活用していることである。

11 「多面的にみる」を支援する思考ツール
フィッシュボーン図

「多面的にみる」を支援する思考ツール

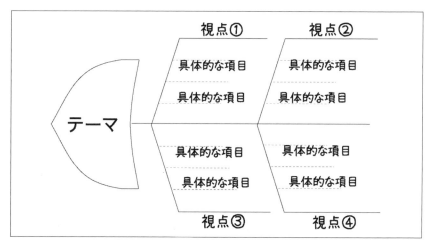

(1) 思考ツール解説

　「フィッシュボーン図」も「多面的にみる」ことを支援するために活用することができる。「くまで図」と構造は似ているが，「くまで図」よりも詳細に内容を記入できることが特徴である。

　「多面的にみる」を支援するためには，頭にあるテーマを中骨に設定している4つの視点から見て，具体的な項目を記入していくという順番になる。視点は教師から与えてもよいし，児童生徒が設定することも考えられる。「理由づける」を支援するための使い方のように，視点を見つけるために，「頭→小骨≃（分類）→中骨」という順番や，さらに中骨に設定された視点から改めてテーマを見て，小骨を追加するというように，頭と中骨，小骨を行ったり来たりしながら対象を「多面的にみる」活用方法も考えられる。

　「理由づける」を支援する場合と異なり，小骨に入る情報は理由や根拠ではなく，中骨に設定された視点からみた具体的な情報となる。

(2)　使い方

①　頭に考えたいテーマや事象を記入する。

②　中骨の部分にそのテーマを見るための視点を記入する。

③　小骨の部分に視点から見た具体的な情報や考えを記入する。

※テーマに関連する情報を小骨に配置し，そこから中骨に視点を整理し，もう一度，その視点から小骨を埋めるという順番も考えられる。

(3)　使用できる場面

「多面的にみる」ためのフィッシュボーン図では，視点を設定した上で対象を見ることが求められる。その視点は，クラス全体で同じでもよいし，それぞれの児童生徒の思考に応じて，違ってもよい。

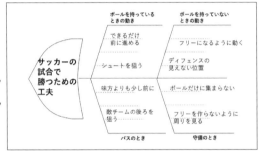

例えば，体育科の時間で「サッカーで勝つための方法」を「ボールを持っているときの動き」「持っていないときの動き」「守備の動き」「パスの仕方」などの視点から分析し，動き方を改善するなども考えられる。

他にも，学級活動の時間に「このクラスをもっといいクラスにする」というテーマを頭に入れ，中骨にそれぞれのいいクラスの視点，「勉強」「遊び」「仲間」などの視点を設定した上で，それぞれの視点から「いいクラスにする」ための具体的な方策を記入することで，目標を達成する方法を多面的に検討することを支援する。

このように，目的や問題に対して視点を設定し，その具体的な方法を検討する場面や，多様な立場を想定しそれぞれの立場から対象を見るなどの場面で活用することが可能である。くまで図やY，Xチャートよりも記入できる場所が多いため，情報量が多い場面ではフィッシュボーン図を活用するなどの使い分けも有効である。

12 「多面的にみる」を支援する思考ツール
バタフライチャート

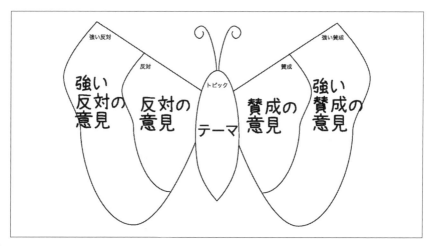

(1) 思考ツール解説

「バタフライチャート」も「多面的にみる」ことを支援するためのツールであるが，これまでくまで図やフィッシュボーン図が自由に視点を設定できたのに比べて，「強い反対・反対・賛成・強い賛成」の4つの立場から1つのテーマを「多面的にみる」ことを支援するためのツールである。

「多面的にみる」ことを促すために活用する際には，自分の立場の部分だけを埋めるのではなく，すべての立場に立ってその立場を採る視点からテーマを見ることが重要である。

賛成か反対か，さらにその強さというさまざまな立場の考えを想定することで，自分とは違う考えをもった人がどのような根拠をもとにその考えを主張しているのか，何を大事にしているのかを想定することができる。

そのことによって，議論の勝ち負けだけでなく，さまざまな立場を想定して，多くの人が受け入れる納得解を見つけるなどの活動につなげることが重要である。

⑵　使い方

① 　真ん中に考えたいテーマを記入する。

② 　自分の立場を決め，そこに考えや理由などを記入する。

③ 　他の考えの立場に立って，その立場の人の考えやその理由を想定して記入する。

⑶　使用できる場面

　バタフライチャートは多様な立場を想定し，物事を多面的にみることを支援するためのツールである。国語科のディベートの場面で「クラスでヤギを飼うべきだ」というような題に対して，自分と相手のチームの

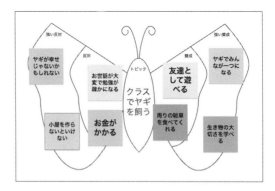

立場を想定する。「お世話が大変で勉強が疎かになってしまうかもしれない」というような相手の主張を想定し，それに対してどのように反論するか，を想定することができる。

　他にも，社会科で「地域の川の付け替え工事」や「ダムの建設」などの人々の生活に影響を与える，公共事業について学習する際に，賛成や反対の立場を想定し，「そのような公共事業は人々を幸せにしたのか」ということについて考えるなどの場面でも活用することができる。

　このように，自分の立場だけでなく，すべての立場の考えを想像することで，自分以外の立場に目を向けた思考を促すことができる。バタフライチャートにまとめた後は，賛成派，反対派の立場を踏まえ，勝ち負けだけではなく，できるだけ多くの人が納得するような解答を見つけるような議論につなげることが重要である。

13 「変化をとらえる」を支援する思考ツール
プロットダイアグラム

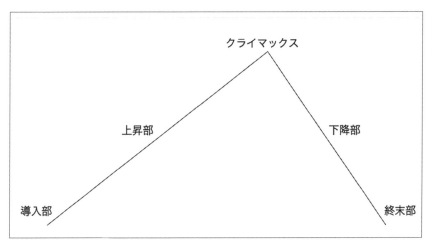

クライマックス

上昇部　　　　　　　　　下降部

導入部　　　　　　　　　　　　　終末部

(1) 思考ツール解説

　「プロットダイアグラム」は「変化をとらえる」ことを支援するための思考ツールである。横軸を時間，上下を物語の盛り上がりや気持ちの変化などに設定し，その軸に合わせてプロットし，全体を見て変化を捉えることを促す。

　プロットダイアグラムは連続的な変化を捉えるためのツールである。国語科の物語文の構造分析などに用いられることが多いが，それだけでなく，社会科で歴史上の変化なども捉えることができ，その変化に至る過程や時間的な流れを捉えることができる。

　プロットダイアグラムは，横軸は時間の変化なのでわかりやすいが，縦軸を何にするのか，何を基準に上がったり下がったりしたことにするのかなどを具体的に共有しておくことが重要である。

　上図で示されているような山形の構造をそのまま示し，国語科で物語文の場面をプロットしていくことにより，この物語のクライマックスはどの部分なのかを分析的に捉えさせることもできる。

(2)　使い方

① 　横軸，縦軸を何にするのかを共有する。

② 　設定された軸に沿って，物語文や出来事，事実などをプロットする。

③ 　プロットされた地点を線でつなぎ，全体の変化を捉える。

(3)　使用できる場面

　プロットダイアグラムは，国語科で物語文の構造を捉えたり，社会科で歴史的な変化を捉える場面で活用することができる。物語文では，横軸に時間の流れや段落番号，縦軸にその物語を読み取るためのポイントとなる視点を設定す

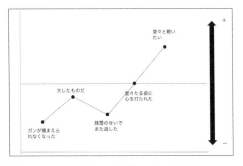

る。例えば，「ごんぎつね」なら「兵十のごんに対する気持ち」，「大造じいさんとガン」では「大造じいさんの残雪に対する好意度合い」など物語の中で変化する要素を設定する。

　そして，段落や章ごとにそれぞれの位置をプロットする。プロットする際に，その根拠やきっかけとなる本文中の記述を抜き出してもよい。その後，全体を捉える中で，物語の中で気持ちはどのように変化したのかや，気持ちが変わったきっかけや出来事は何だったか，などについて考えることができる。

　他にも，社会科の歴史の時間で横軸に時間，縦軸に政権の安定性という軸を設定し，それを年代別にプロットし，その根拠となる出来事を記入する。そうすることで，政権についての変化を捉えることができると同時に，政権が成立し，交代していくポイントとなる出来事について整理できるだろう。

　変化を捉えるためには，前後の「比較」が必要になるため，ベン図でも変化を捉えることは可能である。連続的な変化を捉える場合はプロットダイアグラム，共通点も合わせて捉えさせたい場合はベン図など，目的に応じた使い分けが重要である。

14 ピラミッドチャート

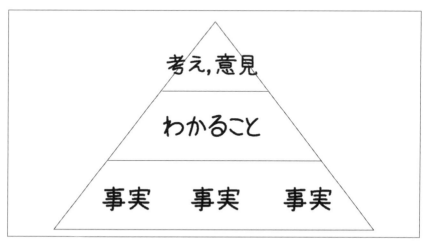

(1) 思考ツール解説

　自分の考えを「構造化」し，意見を組み立てるための「ピラミッドチャート」は，さまざまな事実や情報から自分の意見を検討する場面で活用することができる。

　一番下に事実や情報，真ん中にそれらの情報を解釈してわかること，そして一番上にその解釈から考えた自分の意見を記入する。ピラミッドチャートに構造を想定することによって，自分の考えがより具体的になり，何を根拠にしたものなのかを明確に整理することができる。

　一番下に配置された具体的な情報を根拠に自分の考えが組み立てられていく思考のイメージを共有したい。

　「構造化する」ための使い方では，下から上に埋めていくことが想定できるが，なんとなく考えをもった上で情報を集め，それを整理する中で考えや意見がより詳細に具体的なものになっていく場合もあるため，それぞれの段を行ったり来たりしながら整理することもあるだろう。

(2) 使い方

① 一番下の段に，事実や情報などを配置する。

② それらをつなげてわかることを真ん中の段に記入する。

③ そこから考えられる自分の意見を一番上の段に記入する。

(3) 使用できる場面

　ピラミッドチャートは自分の考えを構造化することを支援する思考ツールである。さまざまな情報を解釈し，自分の考えを整理する場面で活用することができる。

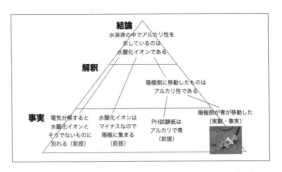

　例えば，理科の時間に行った実験の結果を一番下に配置し，そこから解釈できることを真ん中の段に整理する。そして，それらから何がわかるのかを一番上の段に記入する。そうすることによって，どのような実験の結果が出たのか，それをどのように解釈したのか，そこからわかることは何か，という構造を示すことが可能になる。

　他にも国語科で意見文を書くときに，どのような情報をもとにどのような主張をするのかや，物語文で登場人物の心情について，どのような記述をどう解釈して，登場人物の心情をどう捉えるのか，などの思考場面でも活用することができる。音楽科や図工・美術科の鑑賞場面で，対象となる表現から何をどう受け取ったのか，というような考えをまとめる際にも活用できる。

　他にも，社会科で地域の特徴を捉える際に，どのような事実をどう解釈して，地域の特徴を捉えたのか，などのように多様な情報をもとにして自分の意見を検討するような場面で活用することが想定できる。

　作成したピラミッドチャートをもとに意見交流を行えば，根拠とした情報や構造を明らかにしながら議論することにもつながるだろう。

15 ピラミッドチャート
「具体化する・抽象化する」を支援する思考ツール

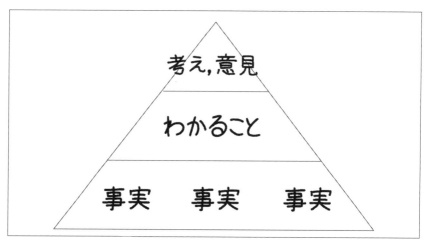

(1) 思考ツール解説

　「ピラミッドチャート」は，「具体化する」「抽象化する」ことを支援するための道具としても活用することができる。一番上の抽象的な概念から，中段，下段に向かって，具体的な要素をあげていくように，上から下に活用することで「具体化する」ことを支援するための道具になる。逆に，一番下の具体的な要素から，それらに共通する要素を中段に，一番抽象的な概念を一番上に，というように下から上に埋めていくように活用すると「抽象化する」という思考を促すための道具となる。

　「具体化」と「抽象化」は対になる思考であり，それを上下に行ったり来たりするような関係として示すことで，具体と抽象を行き来しながら思考するイメージを共有することができるだろう。

(2) 使い方

① 一番下の段に，事実や情報などを配置する。

② 　事実や情報を分類し，抽象度を上げた概念に整理する。

③ 　中段の記述を満たすような概念を一番上に配置する。

※「具体化」の場合は，上記の順番とは逆に，一番上の概念から具体例を中
　　段・下段にあげていく。

(3)　使用できる場面

　抽象化・具体化のための
ピラミッドチャートの使い
方は，上下を抽象度合いと
関連させ，具体的な事象か
ら抽象的な概念を見つけた
り，逆に抽象的な概念から
具体的な事例をあげていっ
たりするために活用するこ
とができる。

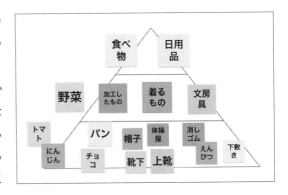

　例えば，国語科で上位概念，下位概念を理解させるために，一番下に身の回
りにあるものをたくさんあげる。中段にそれらをまとめる言葉を整理する。そ
して，一番上には，それらを包括する概念を記入する。こうすることで，「抽
象化する」思考を促すことができる。

　他にも，例えば，一番上に理科の法則を置き，その法則によって引き起こさ
れる事象を中段に，その具体的な身の回りの事象を一番下の段に配置すること
によって，法則という抽象的な概念を具体的な事例をあげて理解する「具体化
する」という思考を促すことが可能になる。

　ツールを用いて，具体と抽象の行き来を意識することが大切である。

16 PMIシート
「評価する」を支援する思考ツール

P プラス：Plus いいところ	M マイナス：Minus だめなところ	I インテレスティング：Interesting おもしろいところ
いいところ メリット	ダメなところ デメリット	気になること 疑問

(1) 思考ツール解説

　対象を「いいところ」「だめなところ」「おもしろいところ」の３つの視点で捉え，「評価する」ことを支援するための思考ツールが「PMIシート」である。何をよいとするのか，どのような基準でだめなところを見つけるのか，は文脈に応じて基準を設定し，共有しておく必要がある。

　また，その評価基準だけでは捉えきれないこと，「気になること，疑問」を「I」に記入することで，いいところ，だめなところだけでなく，より多様な視点で対象を評価することが可能になる。

　自分の考えのよい点だけでなく悪い点，反対の立場の考えの悪い点だけでなくよい点や気になることを意識して整理することによって，より深い議論が可能になるだろう。

　PMIシートに整理した後は，だめなところに書かれたものをどう改善するか，いいところをどう伸ばすか，など，よりよくするための改善点を考え，実行していく活動が必要になる。

⑵　使い方

① 評価する対象を設定する。

② よい点，悪い点，気になること，の3つの視点からそれぞれ考えを記入する。

③ PMIシートを見て，改善点を検討する。

⑶　使用できる場面

PMIシートは「評価する」ことを支援するための思考ツールであり，対象をよい点，悪い点，気になること，の3つの視点で捉えることを促す思考ツールである。

P プラス：Plus いいところ	M マイナス：Minus だめなところ	I インテレスティング：Interesting おもしろいところ

	P	M	I
約束を守る	子どもが喜ぶ 約束が守れる	夢が叶わなくなる 友達の気遣いを無駄にしちゃう	公園でどんな手品ができるのかな 街まではどれくらいかかるのか
舞台に出る	人気が出るかも 夢が叶う お金ももらえる	子どもが悲しんでしまう 約束を破った心苦しさ	どれくらい人気のあるショーなのか ショーに出て成功できる？

例えば，道徳科の教材「手品師」のように，今後の主人公の選択について，PMIシートでそれぞれ選択肢を評価した上で，自分は何を大事にするかについて議論する。そうすることによって，自分がよいと思う行動のよい点だけでなく，悪い点も考慮に入れた議論を行うことができ，より道徳的価値に着目した議論ができるようになる。

また，社会科の時間に，陸上，海上，空輸の3つの輸送方法について，それぞれのメリットやデメリットを評価して比較するなどの場面でも活用することができる。

他にも，国語科の時間でつくった作文の相互評価や，音楽科や図工・美術科の時間に制作物についての評価などにも活用することができる。

いずれの場面においても，評価基準を明確にした上で活用することと，PMIシートに整理した上で，改善点やよりよいものを選択するなどの議論を前提として活用することが求められる。

17 キャンディチャート

「推論する」を支援する思考ツール

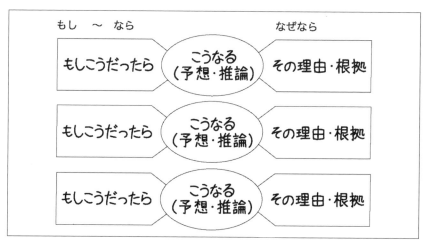

もし　〜　なら　　　　　　　　なぜなら

もしこうだったら → こうなる（予想・推論） → その理由・根拠

もしこうだったら → こうなる（予想・推論） → その理由・根拠

もしこうだったら → こうなる（予想・推論） → その理由・根拠

(1) 思考ツール解説

　「キャンディチャート」は「推論する」ことを支援するための思考ツールである。左側に「もし〜なら」という条件，真ん中の部分に「こうなる」という予想，右側に「なぜなら」というように，その結果になると予想した根拠となる既習事項や事実を記入する。

　ただ，「こうなるだろう」という「見通し」ではなく，なぜそうなるのかという根拠を考えることによって「推論する」ことを促す。

　条件を変える場合や結果の予想がいくつかできる場合は，別に2つ目，3つ目のキャンディチャートを作成し，推論していく。

　キャンディチャートで推論した後は，実際に確かめる活動を行い，自分の推論が適切であったのかどうか，適切でなかった場合，何が原因でずれたのか，などを改めてキャンディチャートに立ち返って見直す活動が必要となる。

(2)　使い方

① 　左側に「もし〜なら」という条件を設定する。

② 　真ん中に「こうなる」という結果の予想を記入する。

③ 　右側にそう予想した根拠となる既習事項や事実を記入する。

(3)　使用できる場面

　「推論する」をことを支援するキャンディチャートは，条件に対する予想とその根拠を整理することを支援している。

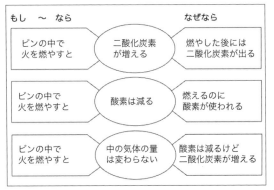

　理科の時間で，実験を行う際にその実験条件ではどのような結果が出るはずか，その根拠となる知識は何か，などを整理した上で実験を行えば，ただ単に言われたとおりに実験するのではなく，仮説を設定した上で実験に取り組めるようになるだろう。

　他にも，例えば総合的な学習の時間での問題解決の際に，どのような方法が適切かを条件として，左側に記入する。そして，それをすればどのような成果が得られるかについての予想を真ん中に，なぜそのような結果が得られると考えたかを右側に記入する。そうすることによって，なんとなくではなく，根拠をもとにして，問題解決の方法を支援することができるだろう。

　活用の目的によって，条件は教師が与えたり，条件自体を児童生徒が考えたりする，など多様な活用方法が想定できる。

　どのような活用方法でも，キャンディチャートに整理した後は，それをもとにして議論したり，実行後にキャンディチャートを振り返って，予想と結果について確かめたりするような活動が求められる。

18 思考ツールでは支援しにくい思考スキル「変換する，応用する，要約する」

(1) 思考スキル解説

「変換する：表現の形式（文・図・絵など）を変える」，「応用する：既習事項を用いて課題・問題を解決する」，「要約する：必要な情報に絞って情報を単純・簡単にする」の３つの思考スキルは各教科等の学習で出てくる考え方ではあるが，思考ツールでは支援がされにくい思考スキルである。

(2) 活用場面例

「変換する」：表をグラフ，グラフを文に形式を変換する。

「応用する」：これまで学習した公式を使って，新たな問題に取り組む。

「要約する」：要約文の作成，歴史上の出来事から言えることは何か，など情報を絞って示す。

(3) 思考ツールによって支援しにくい思考スキルのポイント

思考ツールによって支援しにくい思考スキルは，一定の枠組みによる支援が難しいものである。例えば，「変換する」は表現形式の変換の際に求められる思考スキルであるが，表からグラフに変換する場合と絵や図を文章に変換する場合では，それぞれの表現形式の理解等が必要になり，思考ツールのような一定の枠組みで支援することが難しいスキルでもある。

しかし，思考ツールによって支援することが難しかったとしても，支援方法を検討することは可能である。「変換する」の場合は，変換前の表現の適切な読み取り，変換対象となる情報の抽出，変換先の表現形式の理解などの支援が求められるし，「応用する」の場合は，応用対象となる知識や技能を想起し，適用するための支援が必要になる。「要約する」の場合は，重要な情報への焦点化，構造化，表現などに対する支援が求められることになるだろう。

19 思考ツール×ICT

　第Ⅲ章でも述べたように，思考ツールの使いやすさ，思考スキルの発揮のしやすさ自体はICTを活用しても違いはない。一方で，ICTを活用することでしか得られない利点もたくさんある。ここでは，第Ⅲ章で述べたような利点を生む思考ツール×ICTの活用方法について紹介する。

(1) 思考ツールに含まれる情報が多様になる，保存・共有が容易になる

　思考ツールを端末上に載せ替えても，思考スキルの発揮自体には変化はない。しかし，載せ替えるだけでも情報が多様になったり，保存，共有が容易になったりするなどの利点がある。

　思考ツールを端末上で活用する際には，情報を配置して動かすような操作が多くなるため，文書作成ソフトや表計算ソフトよりも，スライド作成ソフトやデジタルホワイトボードツールなどのような情報の操作，書き込みができるようなツールが使いやすいだろう。

　図4-1はデジタルホワイトボードGoogle Jamboardで思考ツールを活用した事例である。端末上で活用することによって，書き込み，付箋だけでなく，自分で撮った写真や自分で描いた絵，なども情報として扱うことができる。

　端末上で思考ツールを活用する際には，背景画像として思考ツールのフォーマットを設定しておけば，情報を動かそうとして思考ツール自体が動いてしまう，ということがなくなるので扱いやすくなるだろう。

　また，教育用に活用されているアプリケーションには，テンプレートとして思考ツールがあらかじめ準備されているものもある。それを活用することで，教育用アプリケーションの操作方法はそのままに思考ツールを活用することもできる。

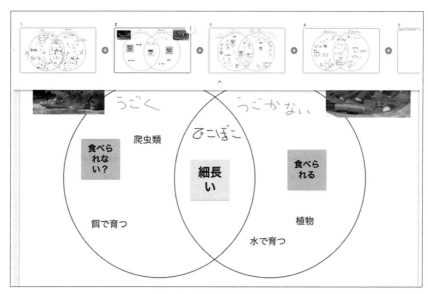

図 4-1　Google Jamboard でベン図：ワニとキュウリの比較

　作成したツールはクラウド上，端末上に保存されるため，なくしてしまったりする心配もなく，後で振り返ってみることも可能である。

　また共同編集を行えば，それぞれが集めた情報や知っていることを持ち寄って，グループなどで１枚の思考ツールを活用して，考えを整理することも可能になる。

　それぞれのグループでの活動を共有するときも，わざわざツールを黒板に貼ったり，大きく書き直したりする必要がなく，教師用端末から電子黒板などで大きく表示したり，各グループの思考ツールを一覧表示したりすることもできる。

　また，クラウド上で共有されていれば，児童生徒の端末上で他のグループの作業結果を確認することもでき，共有が容易になる。

⑵　友達の思考過程を参考に学ぶことが可能になる

　さらに，思考ツールの作成過程がクラウド上で共有されていれば，友達の思考の過程を参考にしながら学ぶことも可能になる。児童生徒が学習を進めていくようになると，それぞれがもっている情報が異なってきたり，整理分析の方法がそれぞれで違ってきたりすることが考えられる。

　一人ひとりが自分の課題や状況に合わせて個別最適に学びを進めつつ，友達の考え方を参考にしながら学びを深めていくような協働的な学びを実現するためには端末上で思考ツールを活用することが有効である。

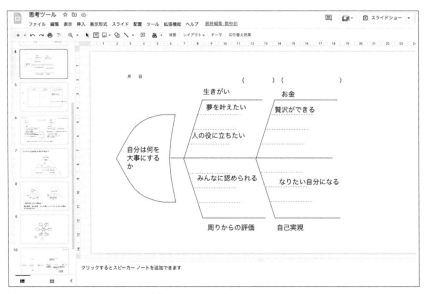

図 4-2　Google スライドで思考ツールの活用

　図 4-2 は「これから自分は何を大事にしていくのか」について考えた際のGoogle スライドの画面である。

　スライドを共同編集しながら，1 人 1 枚のスライドを作業シートとして活用して考えをまとめていく。

左側には同じ課題に取り組んでいる友達の思考過程がサムネイルで表示される。そうすると，友達がどの思考ツールを選んだのか，そこにどれくらい情報を記入しているのか，を把握することができる。スライド画面を切り替えれば，友達の思考の過程をより詳細に確認することができる。

　1人1台端末を活用することで考えた結果だけでなく，その途中を参考にすることが可能になる。そこに思考ツールが組み合わさることで「どの考え方で考えるのか」「考えの根拠としてどのような情報を使っているのか」なども参考にすることが可能になる。「友達は何を大事にするのか」という思考結果だけでなく，思考過程を参考にしながら学ぶことができる。

　実践からは，考えるのが苦手な子はまず他の子が何から取り組むのか，を参考にしており，考えるのが得意な子は自分の考えを完成させてから，他の子の考え方を見に行って，さらに自分の考えを深める，というように，いつ，誰のものを，どのように参考にするのか，ということ自体も自分で決めて学習を進めていたことが明らかになっている。

　これまでプリントで個別に進めていたときにはできなかった，友達の思考過程を参考に学ぶということが可能になる。

1人1台時代に求められるメディア・リテラシーと思考スキル

信州大学准教授　佐藤　和紀

(1)　基盤となる資質能力

　学習指導要領には基盤となる資質・能力として，言語能力，情報活用能力，問題発見・解決能力が位置づけられている。すべての教科等や領域で必要な力となる。問題発見・解決能力を養っていく際には，探究の学習過程は無視できない。あらゆる学習活動において課題の設定，情報の収集，整理・分析，まとめ・表現の段階を教え，子供が探究の学習過程で学習に取り組んでいけるようになっていく必要があるだろう。そこでは，本書がテーマとしている思考スキルはもちろんのこと，情報活用能力やメディア・リテラシーも必要になってくる。例えば，上手に情報の収集ができなければ，収集した情報について整理・分析の段階で思考スキルを発揮したとしても，まとめ・表現の段階において良質な成果になるとは思えない。

(2)　インターネットからの情報を適切に収集できているか

　筆者の研究室では，2022年1月に小学校4年生から中学校1年生を対象に，インターネット上にある情報を適切に収集できる知識を持っているかについて，約1000人を対象に調査を実施した。Googleフォームで以下の6問について調査を実施した。

1. 検索キーワードを適切に入力できるか確かめる問題
2. 検索結果を適切に選択する問題
3. インターネットの検索結果一覧から信頼できる情報を選ぶ問題1
4. インターネットの検索結果一覧から信頼できる情報を選ぶ問題2
5. インターネット上の信頼できない情報を突き止める方法に関する問題
6. グラフの誇張を指摘し，適切な示し方を選択する問題

	【問題１】	【問題２】	【問題３】	【問題４】	【問題５】	【問題６】
４年生正答率	92%	50%	59%	53%	83%	58%
５年生正答率	91%	52%	78%	69%	91%	61%
６年生正答率	89%	39%	66%	61%	91%	59%
中学１年生正答率	92%	49%	73%	66%	91%	70%

※正答率が最も高い箇所を太線で表記

　結果を見ると，検索キーワードを適切に入力できることや，信頼できない情報を突き止める方法に関する知識は，どの学年も正答率が９割である一方，検索結果を適切に選択したり，検索結果一覧から信頼できる情報を選んだりするための知識は４割から７割，適切なグラフを選択するための知識は６割であった。また，６年生や中学１年生だからといって正答率が高いわけでもなく，４年生や５年生のほうが，正答率が高い問題もある。

　つまり，メディア・リテラシーに関しては，日頃からインターネット上にある情報を検索する際に，教師がそのことを伝え，教え，意識させている学習経験が重要であって，発達段階で自然と成長するような知識ではない，ということができるであろう。

(3)　メディア・リテラシーの育成にも思考スキルが必要

　情報の収集段階でも，まず収集した情報を「比較」することが重要である。しかし，数ある情報の中から複数選択することすらできなければ「比較する」ことも困難であるから，思考スキルも発揮しにくくなることだろう。複数の情報をまず見極め，選択することができれば，その情報を「多面的にみる」こともできるだろうし，「分類する」ことも可能であるから，メディア・リテラシーは発揮されやすくなると考えられる。

　思考スキルには「評価する」ことが示されている。メディア・リテラシーを高めていくためには，如何に情報を評価できるかに関わっており，そのための知識を，日頃から指導し，振り返り，修正して実行していけるかかが問われるであろう。

ICT ×思考ツールの基盤となる能力

山梨大学准教授　三井　一希

(1)　基盤となる操作スキル・タイピングスキルの獲得

　思考ツールを ICT と組み合わせて活用する場合，端末の操作スキルは必須となる。操作に慣れないうちは，端末を操作すること自体に認知負荷がかかるため，良質な思考は生まれにくい。また，思考ツールをもとにした対話も生まれにくい。そのため，付箋の貼り方や付箋の色の変え方，共同編集の設定の仕方といった基本的な操作スキルを確実に身につけておく必要がある。これらのスキルは繰り返し経験させることで小学校低学年の児童でも身につけることが可能である。慣れるまでは毎日練習させるとよいだろう。

　タイピングスピードを向上させることもまた重要である。頭に浮かんだアイデアを打ち込むことに時間がかかると，思考にブレーキがかかってしまう。考えながら打ち込む，打ち込みながら考えるといった状態がつくれるように，スピードが遅いうちは毎日３分ほどの練習を続けるようにしたい。

(2)　ルールづくりとルールの定期的な見直し

　集団で共同編集等の活動を行う際にはルールを定めておくとよい。例えば，本人の許可なく意見の消去や書き換えはしない，共同編集の設定をする際は教師アカウントも入れる，他者を傷つける文言は書き込まないといったモラル的なことから，個人を識別しやすくするために使用する付箋の色はいつも固定するといったハウツー的なことまである。これらのルールがあることで学習が行いやすい環境が作れたり，戸惑わずに学習活動が行えたりする。

　ルールは教師が一方的に決めるのではなく，児童生徒と一緒につくるようにしたい。そしてルールは一度つくって終わりにするのではなく，定期的に見直し，不要なルールを削除するとともに，必要なルールがあるかを検討するとよい。ルールづくりの根底には，ルールは子供たちを縛るために存在するのでは

なく，誰もが安心して学べるためにあることを忘れてはならない。

(3) クラウド環境のフル活用

　クラウド環境をフル活用することで思考ツールの可能性がさらに広がる。例えば，学校で作成した思考ツールに家庭からアクセスすることで授業の復習が可能となる。また，家庭学習で調べた結果を思考ツールにまとめておき，翌日の授業で活用するなど家庭学習と授業の有機的な連携も可能となる。さらに，共有ドライブを介して他校の児童生徒と思考ツールを共有することで，自分の学校だけでは出てこなかった多様な考えに触れることもできる。

　また，ファイル名にキーワードを記しておくことで検索が容易となり，欲しい情報にすぐにアクセスできる。フォルダごとに整理することも一つの方法だが，キーワードを用いて検索を容易にする方法もお勧めしたい。

(4) 自立した学び手へ向けた支援

　子供たちが自立した学び手となるように，段階を追って子供たちの支援をしていくとよい。例えば，クラウドを介した思考ツールの活用初期の段階は，教師が思考ツールを貼り付けたスライドやデジタルホワイトボードを用意するのがよいだろう。しかし，いつまでもこの状態を続けていては自立した学び手とはならない。慣れてきたら子供たちにどんどん任せ，子供たちが作成できるようにする。また，思考ツールの活用経験を積ませる段階であれば，教師が使用するツールを決めてもよいが，いずれは課題に応じて子供たちがどの思考ツールを使えばよいかを選択・決定できるようにしたい。「この課題に対してはベン図を使うといいな」，「Ｙチャートを使うと整理がしやすそうだ」，といったことが子供たちから出ることを目指したい。

　端末の操作にしても，思考ツールの選択にしても，子供たちに任せると最初はうまくいかないだろう。しかし，その原因を分析し，次にどうすればよいかを試行錯誤することが，自立した学び手の育成へとつながっていくのである。

第 Ⅴ 章

思考ツール×ICTの実践例

1 ベン図で特殊な四角形を分類する

(1) 単元の概要

　小学校4年の算数科。単元のまとめの段階で，これまでに学んできた特殊な四角形（台形，平行四辺形，ひし形，長方形，正方形）の定義を学び直しながら，辺の長さや角の大きさといった性質に着目して，比較・分類させる活動を行った。

(2) 活用のねらい

　算数科の目標としては「既習の図形概念の統合」「図形の包摂関係の理解」をねらいとしている。算数科以外でも使われる汎用的な思考法として「比較する」道具である思考ツール「ベン図」との出会いの場としても活用できる。児童たちは4年生までにさまざまな四角形（台形，平行四辺形，ひし形，長方形，正方形）を学んできている。本実践を通して，複数の図形に関して共通点や相違点をもとに比較・分類し，図形の包摂関係を理解する学習活動を通して，今後出会う図形に関しても既習の図形と関連づけながら概念を統合していく考え方を働かせる学びを展開してほしい。そこで，ベン図を使うことで，比較・分類の思考スキルを育めるようにした。

　また，1人1台の情報端末を活用しながら，1人1枚の Google Jamboard（以下，「Jamboard」）を学習カードのように活用することとした。1人1枚の Jamboard を使用することで，個人で思考する場面が増え，比較・分類に関する個人の思考スキルの育成につながるだけでなく，既習図形を統合的に考えることにもつながる。一方で，個人のスキルがあまり高まっていない場合には，グループで1枚の Jamboard を活用し，グループでの議論や合意形成といったコミュニケーションによる協働的な学びの授業にすることで，グループの力を借りながらベン図を使った具体的な比較・分類の思考法を学んでいくことも可能である。

⑶　活用の実際

　活用場面では，まず8つの四角形を事前にJamboardに貼っておき，「A　4つの辺の長さが同じ仲間」「B　4つの角の大きさが同じ仲間」「C　その他」に分ける課題を出した。

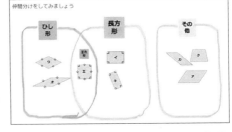

　ベン図が未習の学級では，正方形の分類に苦慮していた様子が見受けられたが，友達と相談する中で右図のようなベン図の形に分類・統合していく児童が見られた。全体で答えを確認する場面では，児童の意見を取り上げながら，簡単な図形から分類していき，最後に長方形はAかBかを議論した。意見は半々に分かれたが，どちらも正しいことを確認し，ベン図の真ん中の部分として位置づけた。

　ベン図が既習の学級では，A，B，Cを事前に指定し，ベン図を使って分類することで，多くの子がA，B，Cをスムーズに分類できた。

⑷　学びの深まり

　既習図形をバラバラに捉えていた児童が，比較・分類の活動で辺や角の大きさで図形を整理することで，長方形の特殊な場合が正方形であるなど，図形同士の関係を統合的に理解し，学びを深めていた。8つの四角形をベン図で分類した後は，他の四角形をスクリーンショットして，ベン図に追加で位置づける活動を取り入れることにより，新たに出会った四角形も既習の包摂関係に統合しようとする姿が見られた。また，極端な辺や角度の図形を出題することにより，辺や角の大きさに何度も着目して考察する様子が見られたことから，極端な辺の長さや角度の図形を使って学びを発展させるとよいと考えられる。

2 ベン図で共通する考え方を捉える
【小4・算数科】

(1) 単元の概要

小学校4年生の算数科の学習で，本時の学習問題と次時の学習問題を比較することを通して，相違点と問題解決に使えそうな共通する考え方を捉え，課題の設定につなげた。

(2) 活用のねらい

反転学習に取り組む児童が家庭でも見方・考え方を働かせながら課題に取り組むことができるように，授業の終末に本時の学習問題と次時の学習問題を比較した。それぞれの学習問題の相違点や問題解決に使えそうな共通する考え方を意識して捉えることをねらいとしベン図を用いた。

教師は情報端末のホワイトボードアプリを活用し，ベン図の左側には本時の学習問題，右側には次時の学習問題の画像を貼り付けたものを準備した。画像を貼り付けすることで，教科書に加え端末上でも数値や図，問題の表記の違いなどを視覚的に支援することにつなげた。

児童は「本時の学び」「新しく学ぶこと」「問題解決に使えそうな共通する考え方」を付箋に入力した。多様な友達の考えに触れられるようにするために，また，付箋を動かし整理されていく過程を目で見て確認できるようにするために，共同編集機能を使ってクラスで共通のホワイトボードを活用した。

児童はこのベン図の共通事項に着目しながら家庭学習で予習を行った。

(3) 活用の実際

児童は学習問題の数値や図，問題の表記に着目しながら相違点や問題解決に

使えそうな共通点を見つけ出し，付箋に入力した。付箋の整理は初めは教師が行っていたが，児童が自分で判断して付箋を動かしたり，迷ったときには話し合いながら付箋を整理したりする姿が見られるようになった。

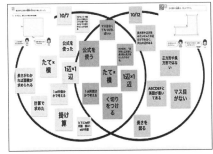

　児童は自宅で学習する際，ベン図に整理された共通事項に着目しながら課題の設定をし，予習に取り組むことができるようになった。

(4)　学びの深まり

　自宅で予習を行う際の児童の課題設定を見ると，見方・考え方を働かせた課題設定が多く見られるようになったり，既習事項を生かして問題解決に向かうサイクルが定着したりしたことで，自力解決に向かう児童の姿が増えた。

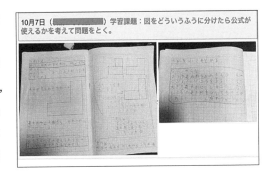

10月7日（　　　　　　　　　）学習課題：図をどういうふうに分けたら公式が使えるかを考えて問題をとく。

　算数では，既習事項をどのように活用して問題を解くのかを考える場面が多い。その際にベン図で比較させることで，どの既習事項との違いを具体的に捉え，何を活用すればいいのか，何を新たに学ぶ必要があるのか，を捉えることができる。ベン図を活用し情報を比較・分類・整理する活動を通して，児童は学習問題に対してより深い見方ができるようになった。

　学習指導要領で示されている数学的な見方・考え方の「事象を数量や図形及びそれらの関係などに着目して捉え」の部分の力の強化につながった。

3 ベン図で日本の産業の課題を比べる
【小5・社会科】

(1) 単元の概要

　小学校5年社会科の実践である。単元の導入段階で，これまでに学習した農業と水産業で見出した課題を比較することを通して，日本の農業や水産業における食糧生産には共通した課題があることに気づいたり，これからの食料生産について考えていく上で，自分たちはどのようにかかわっていけばよいかという単元の課題や問いをもったりすることをねらった。

(2) 活用のねらい

　小学校5年社会科では，内容(2)アに「様々な食料生産が国民の食生活を支えていること，食料の中には外国から輸入しているものがあること」を調べ，「それらは，国民の食料を確保する重要な役割を果たしていることや自然環境と深い関わりをもって営まれていることを考えるようにする」ことが記載されている。そこで，本単元では，日本の食料生産について把握し，我が国の食料生産に関わる課題を見出したり，今後の日本の食料生産のあり方について考えたりするため，単元の問いを設定することを期待した。

　そこで，これまでに学習した農業と水産業で学んだことを比較する場面を設定した。日本の食料生産について，農業にも水産業にも共通する課題があることに気づくことができるよう，ベン図を用いて行った。1人1台の情報端末にGoogle Jamboard（以下，「Jamboard」）を用いて課題を配付し，これまでの学習で利用した記述をコピー & ペーストしたり，共通点と相違点を色分けしたりできるようにした。

(3) 活用の実際

　児童は，農業や水産業について学習した記録を見返しながら，「人手不足」や「生産量の減少」などの共通した課題をJamboardに記述していった。また，

課題だけでなく，「環境への負荷を削減」などの現状行われている持続可能な開発のために行われている対策についても記述し，現状と課題についての比較を行っていた。

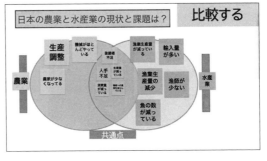

(4)　学びの深まり

これからの食料生産を考える際の導入段階で，これまで学習したことの相違点と共通点を整理することによって，単元の課題を具体的にイメージすることを支援することができた。既習事項を付箋に書き出し，それをベン図で整理することによって，農業と水産業，それぞれに特徴的なものと，共通する要素を見つけ出すことができる。そうすることで，それぞれの単元での学びが抽象化され，より大きな視点で学習を捉えることが可能になる。Jamboard上で整理することによって，友達の考えを参考にしながら進めることができることも有効な支援となった。

本単元では，ベン図を使って日本の農業と水産業における課題の共通点と相違点を個々に考えた後，全体で「農業では米の生産も消費も減っていたから」「漁獲量も減っていたから」「輸入が多くなっていた」など，グラフから読み取ったことを既習とつなげながら，予想を立てたり問いを立てたりしていた。「これまで学習した課題が書かれているか」だけでなく，「これからの食料生産についての課題や問いを見出すことができているか」ということについて，記述をもとに評価を行うこともできた。

4 ベン図で比較し，特徴を明確にする

【中 2・理科】

(1) 単元の概要

　中学校 2 年理科「生物の体をつくるもの」での実践である。この単元では，動物細胞と植物細胞の共通点と相違点を見出し，一般化できることを目標にした。まず，動物も植物も細胞からできている生物であることを丁寧に確認する授業を行った。その上で，2 つの細胞の特徴をベン図を用いて整理することによって，それぞれの細胞にはどのような共通点と相違点があるのかを見出させることを目指した授業である。

(2) 活用のねらい

　動物細胞と植物細胞の特徴を比較することによって，共通点と相違点についてより明確に意識することができ，それぞれの細胞についての理解が深まる。今回はベン図を用いて学習を進め，生徒たちに比較する思考スキルを働かせるよう促した。まずは，動物細胞と植物細胞を観察したことをもとに，MetaMoji Classroom の個別学習ページにベン図を配布し，個人で気づいたことをまとめさせた。ベン図を活用することによって，2 つの細胞の特徴を比較しようとする思考が働く。それによってそれぞれの特徴が明確になっていくが，あくまでそれは自分自身の知識や気づきの範囲内にとどまってしまう。そこで次のステップとして，グループ学習が重要な役割を担う。なぜなら，ベン図によって方向づけられた思考の流れの中に，他者との対話によって生まれた幅広い視点が加わり，学習課題についてより

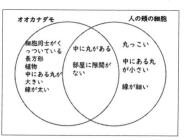

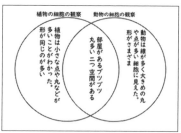

深い考察が可能になるからだ。実際には，グループ学習用に再度ベン図を配布し，5〜6名編成のグループに分かれ，個人で作成したベン図を共有しながら対話を重ねて情報を集約し，2つの細胞の特徴をグループで1枚のベン図に整理した。模造紙でも同じ活動が可能だが，タブレット上で行うほうが作業効率がよく，意見の共有も早いため，より深まりのある学習が可能となる。

⑶　活用の実際

　ベン図を用いて特徴を整理することで，初めは動物細胞と植物細胞の相違点ばかりに注目していた生徒たちが，次第に共通点にも注目して情報を整理できるようになった。また，グループ学習をすることで，個人思考のときに1つか2つしかベン図に書けていなかった生徒も，数多くの意見をあげられるようになった。色や図を用いて表現を工夫するグループも出てきた。

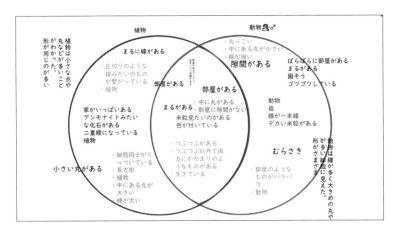

⑷　学びの深まり

　この後の学習で，ベン図で整理した共通点と相違点をもとに，それぞれの細胞の模式図を描かせたところ，ほとんどの生徒が模式図を描き上げることができた。これは，思考スキルで知識（情報）を整理する学習活動が，単元終末の知識の活用場面において有効に作用した結果と言える。

5 座標軸で登場人物の気持ちの変化を読み取る
【小4・国語科】

(1) 単元の概要

小学校4年生の国語科,「プラタナスの木」（光村図書）での実践である。単元目標は「登場人物の変化を中心に読み,物語の魅力を紹介しよう」であり,ここでは中心人物の気持ちの変化を場面の移り変わりや出来事と結びつけながら「比較」して,読み取る段階で座標軸を活用した。

(2) 活用のねらい

まず,座標軸を活用する前に,場面ごとの様子や出来事を「子どもたち」「プラタナスの木」「おじいさん」「自然の様子」の観点でまとめた。

そして中心人物の「プラタナスの木」と「自然に対するものの見方や考え方」に対する気持ちの変化を場面ごとに「比較する」ために座標軸を活用した。縦軸を「（プラタナスの木に対して）興味がある」「興味がない」,横軸を「（自然を）

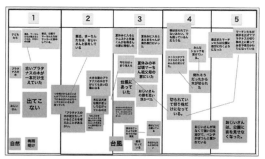

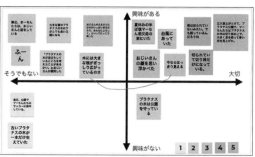

大切に思っている」「そうでもない」の視点で分析し,中心人物の気持ちの変化を場面の移り変わりと結びつけながら比較した。

視点を示した座標軸を示したホワイトボードアプリを児童数分準備し,児童

は友達の考えを好きなときに参考にしたり，考えを比べたりできるようにした。本文は5つの場面に分かれているため，児童はそれぞれの場面ごとに付箋の色を変えて中心人物の気持ちが変化するきっかけとなった出来事などを選び，座標軸の視点に沿って整理した（前ページ下図）。

⑶　活用の実際

　児童は，場面ごとの様子や出来事などを整理した表（前ページ上図）から，座標軸の視点に沿って，根拠となる出来事や様子を探し出し，座標軸上に位置づけた（下図）。自分の考えを明確にするために，改めて叙述に着目するなど，読みを深めていく様子があった。

　座標上に配置されたそれぞれの付箋の位置関係から，物語が進むにつれて中心人物の気持ちの変化が視覚的にも捉えやすくなった。

　友達のボードを見て，座標軸上に配置された付箋の場所の違いから，友達との対話が生まれるなど関わりながら自分の考えを深めていた。

⑷　学びの深まり

　座標軸で中心人物の気持ちの変化を捉えた後，本文「プラタナスの木」の魅力を紹介する文章を書き，互いに読み合い感想を伝える活動を行った。中心人物の気持ちの変化は児童によって多様な捉え方ができるが，なぜそのように感じたのか根拠を明確にしながら紹介文を書くことができた。互いに読み合い感想を伝える活動では友達との感じ方の違いに面白さを感じ，なぜ違いが生まれるのか，自分の感じ方は正しいのか，など改めて叙述に着目した活発な話し合いにつながった。

　このように，思考ツールではなく表を活用し，物語を「多面的に」整理し，場面ごとに座標軸に配置し「比較する」ことで，気持ちの変化を捉えることができた。思考ツールとは別の方法で思考スキルの発揮を促し，複数の思考スキルを組み合わせた思考を促すことも思考を深めるためには重要である。

6 Yチャートでキーワードや問いを 分類する 【小4・社会科】

(1) 単元の概要

　小学校4年の社会科で，学習内容を多面的に捉えることができるよう，Yチャートを使ってキーワードや問いを分類する活動を行った。その活動を通して，単元の学習内容を見通して自ら計画を立てたり，学び深めたい内容を決めたりすることができるようになることを目標とし，単元「郷土の発展に尽くす」の導入の場面で実践を行った。

(2) 活用のねらい

　児童自身が自ら社会科の見方・考え方を意識して学習内容を見通したり，問いづくりをしたりすることを期待して，「多面的にみる」という思考スキルを発揮できるように，Yチャートを使用して実践を行った。児童が使用する1人1台端末で使用するホワイトボードアプリ（Google Jamboard。以下，「Jamboard」）の背景にYチャートを設定し実践を行った。

　そうすることで，教科書や資料集などから情報収集をする際に，児童自ら多面的に情報を見ようとする習慣がつき，過剰に教師が介入せずとも学習内容を深めていくとこができるようになると考える。また，多面的な視点で問いづくりを行うことは，自らのこだわりや，興味を自覚することにつながり，単元後半の校外学習をより充実したものにしていくことができると考える。

(3) 活用の実際

　社会科の見方・考え方を意識できるようにJamboard上にあらかじめYチャートを背景として設定をした。

　教師は授業の冒頭で，教科書や資料集の画像とともに単元の概要をスライドで示した。その際に児童はキーワードをJamboard上に付箋で残していった。

　児童は社会科の見方・考え方を意識して付箋を多面的に分類したり，友達と

付箋の内容を確認しながら増やしたりする活動を行い，Jamboard上の付箋を整理した（画像上）。

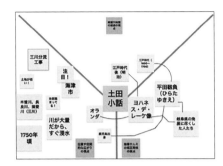

その後，キーワードを整理したページの内容を参考にしながら，疑問に思っていることや学び深めたいことを付箋に書き出し，再び社会科の見方・考え方を意識して整理した（画像下）。

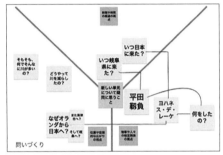

(4) 学びの深まり

思考ツールを活用した情報収集や問いづくりを行った後，児童は教科書の内容を概観し，自分たちの生んだ問いを起点に単元の学習計画を作成した。

その計画の起点となった「問い」を見てみると，「海津市はどのような土地の特徴があり，そこに住む人々はどんな工夫をしていたのだろう」といったように複数の視点を問いに反映させている様子が見て取れた。こうした問いをもとに学習を進めていくことができるので，教師が必要以上に介入せずとも，教科書や資料集から抜き出した情報を多面的に分類することができていた。

児童のまとめを読むと，「海津市は土地が低いことで洪水が起こりやすいので，当時の人々は洪水から身を守るために上げ舟という工夫を行っていた」といったように，多面的な視点で生んだ問いは，多面的な視点でまとめることにつながっていた。

また，自分のこだわりや興味が反映された問いをもとに校外学習に行くことで，充実した見学をすることができた。導入で高めた学習意欲を保つことと並行して，学びの深まりも保障できたと考える。

7 Yチャートで1年間の見通しを分類して捉える 【小5・国語科】

(1) 単元の概要

　本実践は，小学校5年国語科において，「文の中での語句の係り方や語順，文と文との接続の関係，話や文章の構成や展開，話や文章の種類とその特徴について理解すること」を受けて設定した単元である。1年間で学習する教材の概要を叙述をもとに把握させ，児童一人ひとりが見通しをもって学習に向かうことをねらいとして，4月初旬に実施した。

(2) 活用のねらい

　授業開きとして本実践を行うことで，児童一人ひとりが1年間に学習する内容の大体の見通しをもつことができると考えられる。また，教材文を「説明文」「物語文」「詩」の3種類に分類することで，教材文の内容の大体を見通すことも期待できる。そこで，思考スキルのうち，属性に従って複数のものをまとまりに分ける「分類する」に考え方を焦点化し，自分で思考ツールを選択して思考を整理できるよう，場を設定した。

　友達との意見交流や意見の再検討は，ノートやワークシートに記入した後にすることが一般的である。ノートに思考ツールを書いて考えを記入すると，意見を再検討した際に消して書く「書き直す手間」が生まれる。一方で，1人1台端末を用いると端末内でカードを動かす操作のみになり，児童がより一層分類したり思考したりすることに集中できると考えた。そこで，本時は1人1台端末を用いて思考の整理を行うこととした。

(3) 活用の実際

　児童は，教材文を「説明文」「物語文」「詩」の3つのカテゴリーに分け，Yチャートを用いて分類をしていた。分類の際には，既習事項である「説明文」「物語文」「詩」の特徴を想起し，その特徴と教材文とを照らし合わせながら吟

味していた。

　思考ツールを用いて教材文を分類・整理する中で，国語科の既習事項を何度も想起することによって，国語科の学習に対する意欲だけでなく，1年間の学習を見通す意識も高めることができた。

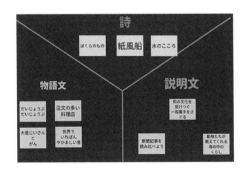

(4)　学びの深まり

　自分で整理・作成したYチャートは，印刷して国語ノートの表紙裏に貼付し，本時以外でも思考ツールを活用することができるようにした。こうすることで，学習の導入時に見返す等，活用を促す手立てとすることができた。特に物語文の学習では，Yチャート内

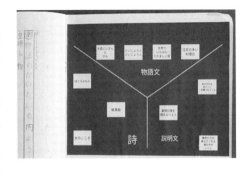

の物語文の題名を見ながら，「中心人物」や「対人物」等の下学年の既習事項はもちろん，「情景描写」や「色彩語」等の当該学年の既習事項も想起することができていた。

　また，思考ツールをデジタルデータとして保存することで，新たな学習事項を書き込んだり整理したりすることができる。このように学習を進める中で常に思考ツールをアップデートすることで，1年間の学習を俯瞰したり振り返ったりする「学びのポートフォリオ」としての活用も期待できる。今後，思考ツールのデジタルポートフォリオの取り組みにもつなげていきたい。

8 Ｘチャートで語彙を分類する

【小1・国語科】

(1) 単元の概要

　小学校1年の国語科「ものの名まえ」という単元で学習を行った。この単元では，児童の経験と結びつけながら上位語・下位語が日常生活にあることを理解し，知識として身につけ，適切に使い分けながら尋ねたり応答したりすることが目標である。この単元では店を開くことをゴールとして設定し，導入として上位語と下位語があることを理解するために，さまざまな語彙を分類し整理する学習を行った。

(2) 活用のねらい

　本単元の導入では，物には「一つひとつの名前」があること，またそれらをまとめた「まとめてつけた名前」があることに気づくことを期待した。下位語・上位語があることをただ理解するのではなく，日常生活の中に下位語・上位語があり，普段から何気なく使っている経験から考えていくことができるように，ピアノや鈴，サンマやタイなどの下位語を概念ごとに「分類する」思考スキルが必要だと考えた。そのため，上位語・下位語を理解するためにＸチャートを活用して下位語を「分類する」活動を行った。

　Google Jamboard（以下，「Jamboard」）を使って，ピアノや鈴，サンマやタイ，スイセンやキク，リンゴやミカンなどのさまざまな下位語を付箋に書いたものを用意し，その付箋をＸチャートに整理した。整理した後に，分類したものに店の名前をつけることで，上位語に気づくようにした。Jamboardで付箋を整理することによって，1人で考えることが難しい児童でも，他の児童のページを見ながら学習するなど，どの児童でも取り組みやすくした。また，一つひとつの名前と店の名前の付箋の色を変えることによって，下位語と上位語の区別をつけやすくした。

(3)　活用の実際

　導入では，写真（1枚目）のような画面を児童たちに示した。教師が「これを見て何か気づくことはある？」と問いかけると，「短い言葉がたくさんある」「『りんご』や『みかん』などの果物の仲間がある」という気づきが出た。出てきた言葉がいくつかの仲間に分けられることに気づいた児童たちは，仲間分けしたいという思いをもった。そのため，Ｘチャートを使って分類する活動を行った（写真2枚目）。

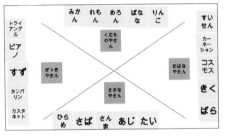

　Ｘチャートで分類する活動では，自分1人で考える児童や，つまずいたら他の児童のページを見て考える児童，友達と話し合って確認する児童など，さまざまな姿が見られた。1人1台端末を活用することによって，児童一人ひとりのペースに合わせて学習することができた。

(4)　学びの深まり

　下位語を分類した後に，店の名前をつける活動を行った。児童たちは「はなやさん」「がっきやさん」など自分で考えた店の名前をつけた。このことにより，上位語とはどういうものなのかを理解することができた。

　次時の学習では，自分たちで店を開くために，自分で下位語の言葉集めをした。事前にＸチャートで下位語と上位語を整理する活動を行ったため，自分で下位語の言葉集めをするときにも，下位語と上位語を区別して考えたり，正しい下位語の言葉集めをしたりすることができた。

9 Xチャートで集めた情報を分類する

(1) 単元の概要

　小学校5年社会科で，教科書やインターネット等から集めたさまざまな情報を分類するために，Xチャートを使ってキーワードを分類する活動を行った。その活動を通して，高地（野辺山原）の気候は，人々の暮らしにどのような影響を与えているのか，それぞれの情報同士のつながりから考えることを目標とし，「自然条件と人々のくらし」（教育出版）の情報収集場面で実践を行った。

(2) 活用のねらい

　児童自身が教科書やインターネット等から集めてきた情報は多種多様である。それらまとまりのない情報をまとまりして捉えることを期待して，「分類する」という思考スキルを発揮できるように，Yチャート，Xチャート，Wチャートなどを提示し，実践を行った。

　児童が1人1台端末で使用するホワイトボードアプリ（Google Jamboard）の背景に各チャートを設定した。それらから児童が自分自身で使用する思考ツールを選択し，情報を分類していった。各チャートを指定せずに複数配布することで，児童自ら教科書やインターネット等から情報収集する際に，どのように分類するべきか多面的に情報を見ることにつながっていく。

　Y，X，Wチャートそれぞれの特性を理解している段階では，分類項目を考えていく際にも，児童生徒の個性化・個別化を図ることが期待できる。思考ツールを指定しないことが，児童生徒の思考スキルを育んでいくことにつながることを期待する。一方で，どのように分類をするのか判断ができない児童には，項目の例などを示しながら，分類することができるように支援を行った。

(3) 活用の実際

　高地（野辺山原）に住む人々の暮らしに関して集めてきた情報をもとに，分

類項目を決めた。

「農業」「酪農」「観光」「昔のくらし」の４つにカテゴリー分けを行い，農業に関連する情報として「白菜がたくさん取れる」「レタスがたくさん取れる」などがあげられた。酪農では「牧場」「牛乳」「牛は寒さに強い」，観光では「夏に涼しい気候を生かしてトレーニング」などがあがった。

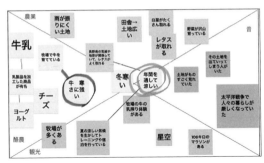

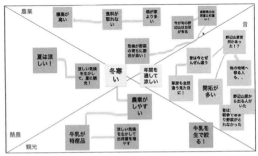

(4) 学びの深まり

　個人で分類したシートを学級内で相互参照することで，さらに多くの情報に触れることとなった。情報が分類されているため，自分の収集した情報と比較しやすくなっており，スムーズに交流することが可能となった。また，分類した情報同士を見ながら，「年間を通して涼しい気候が，人々の生活に影響を与えているのではないか？」「野辺山原の農業や酪農などの産業は，その土地ならではの気候を生かしている」と考えを新たにし，「冬寒い」「年間を通して涼しい」という付箋を追記する児童もいた。

　Ｘチャートを使って分類したことで，各カテゴリーが独立しながらも，「気候」や「地形」などと関連していることに気づくことにもつながった。書き出した付箋同士を線で結んだり，キーワードを書き出したりと，分類したことで思考が整理され，新たな考えを生み出すきっかけとなった。

10 コンセプトマップで「疑問」と「関連する表現」をつなぐ 【小4・国語科】

(1) 単元の概要

　小学校4年の国語科で，物語文の中心となる言葉に着目して場面の様子を読み取る学習を行った。単元の序盤で，中心となる言葉に関連した疑問を各児童が出し，関連した表現に着目して登場人物の心情を読み取ることを目標とした。

(2) 活用のねらい

　本単元は，物語文の中心となる言葉に着目して場面の様子を比べて読み，感想を書くことを目標とした。児童それぞれの興味に合わせて読み深められるよう，繰り返し出てくる言葉など物語の中心となる言葉に関連した疑問を各児童が設定し，解決する学習を行った。

　疑問を解決するために必要となる情報を本文から読み取り，心情と関連づけて考察することを期待し，疑問と表現を「関連づける」思考スキルの発揮を想定した。「関係づける」ことを支援するための思考ツールとして，コンセプトマップを活用した。

　クラウド上のスライドの背景にコンセプトマップを設定し，付箋機能を用いて中心に疑問，外側に関連する表現，間をつなぐ箇所に考察を記述できるようにした。1人1台端末を用いることで，付箋の色分けや移動が容易となり，関連づけの試行錯誤がしやすくなると考えた。加えて，クラウドを活用して各自のコンセプトマップを共有することで，児童同士でお互いの疑問とその解決までのプロセスを参照できるようになり，関連づけの方法やヒントとなる表現について，協働的に学ぶことが可能になると考えた。

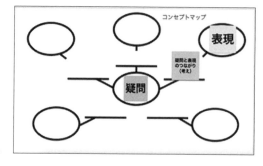

(3)　活用の実際

　まず，各自が最も興味をもった疑問をコンセプトマップの中心に位置づけた。次に，外側に「疑問」と「関連すると考えた表現」を収集した。収集した表現が記載されているページを記録する児童もいた。その後，疑問と表現をつなぐ間の部分に，どのように関連しているかという自分の考えを書くことで，繰り返し出てくる表現の意図や登場人物の心情に着目する姿が見られた。また，友達のコンセプトマップを参照することで，着目する表現や考察の仕方などを学び合う姿が見られた。

　コンセプトマップに情報を整理していく中で，着目した表現同士のつながりが見え，矢印などで関連づける様子も見られた。

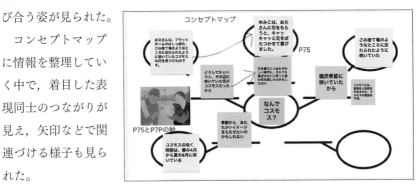

(4)　学びの深まり

　疑問と表現を関連づけたのち，疑問に対する自分なりの意見を文章でまとめた。疑問に対して1つの表現だけが関連するのではなく，複数の表現が関連することに気づく記述が見られた。

「一つ」の言葉がもつ意味？

　物語の終わりの場面では，一つだけちょうだいと書いていない。「一つだけ」が出てこないのは，10年たって戦争が終わった時代だから。そして，もう10年後の時代は，一つだけではなくて，食べ物もたくさん手に入る時代になったから一つだけという言葉は出てこなくなったと思います。

　だからコスモスの花も，たくさん咲いていて，そうした「たくさん手に入る」時代が現れていたのかもしれない。

　そして主人公が幸せになっているから，一つだけちょうだいと言わなくなったと考えた。物語の終わりで「一つだけ」という言葉が出てこないのかな？」という疑問の答えを考えることができた。

　また，コンセプトマップ全体を俯瞰して捉え，本文の記述同士の関連や自分の考えの関連などにも気づく児童もいた。

11 同心円チャートで身近な学習と社会課題を関連づける 【小6・総合的な学習の時間】

(1) 単元の概要

　小学校6年の総合的な学習の時間に，NHK for School「地球は放置してても育たない」の「放置しないで！プラスチックゴミ問題」を視聴し，「人が地球で暮らし続けるためにできることは何だろう」を問いに学習を進めた。

　多様な見方で課題解決の方法を考え，SDGsの目標である「自分たちが直面している社会課題に主体的に取り組むことのできる人材の育成」という視点から，地球規模の課題と教科学習のつながりを自覚できることを目標とした。

　本単元（全3時間）の第1時は，プラスチック問題の解決策を政治家や科学者などの視点からブレインストーミングで自由に考えを出し合い，学級全体で共有した。第2時は，解決策を実現するために必要な力や知識をテーマに，個人で調べ学習をした。第3時は，調べたことを3〜4名のグループで整理した後，解決に必要となる力や知識と教科をつなげるように示し，振り返りをした。その際の，関連づけるために活用した同心円チャートについて報告する。

(2) 活用のねらい

　小学生の立場から勉強する価値や意味への気づきを期待し，社会課題の解決に必要な力や知識と学校で学習している教科を関連づけることをねらいとした。そこで，プラスチック問題という抽象的な課題から，円の広がりとともに，調べ学習や自分に身近な学習などの具体的な事例と「関連づける」ことを促す同心円チャートを選択した。

　また，1人1台端末を活用し，グループで同じページをリアルタイムで編集する共同編集機能を用いて，同心円チャートに整理する活動を設定した。友達を参考にすることで，自分が行うべき活動が明確になり，責任感をもって取り組む姿や，グループ内での進捗状況がわかるため，困っている箇所を互いに助け合いながら進める姿につながると考えた。

⑶　活用の実際

　第1時は,「ペットボトルを魚や鳥のえさになるような素材で作る」などの解決策が出た（資料1）。そして,「プラスチックの影響がでないように人体を改造する」を例に,解決に必要な知識の検索の仕方や同心円チャートの使い方を指導した。

資料1　第1時の板書

　第2時は,「全部よい解決策なのに,何でしないの？」「どんな力があれば,何を知ればできるの？」と問いかけ,先進的な取り組みなどから関連する知識について調べるよう促した。

　第3時では,グループごとに

資料2　同心円チャートの例

調べた内容を発表し,同心円チャートに整理した（資料2）。「プラスチックの再利用で家づくり」について調べ学習をした例をあげる。解決方法として,「大工」では「設計」や「運転」などの力が必要であると関連づけている。「再利用」では,NHK for School の検索機能を用いて「川崎エコタウン」について調べ,「ゼロエミッション」や「ゴミを使って電気をつくる発電所」などの知識と関連づけている。そして,同心円チャートの外側に教科カードを並べ,解決策を実現するために必要な力や知識と関連している教科を線でつないだ。

⑷　学びの深まり

　1人1台端末を活用し,付箋機能を用いて同心円チャートを振り返った感想を共有した。「理科の人体の勉強を研究していくと,将来プラスチック問題が解決されるかもしれない」や「勉強する意味が分かった」など,地球規模の課題と今やっている勉強につながりを見出した感想が多く見られた。

12 イメージマップで作品のイメージを広げる
【小1・図画工作科】

(1) 単元の概要

　本実践は，小学校1年の図画工作科において，「絵や立体，工作に表す活動を通して，感じたこと，想像したことから，表したいことを見付けることや，好きな形や色を選んだり，いろいろな形や色を考えたりしながら，どのように表すかについて考えること」を受けて設定した単元である。児童一人ひとりが表したいことを自分で見つけ，想像を広げながら作ったり表したりすることをねらって実施した，学習活動の導入時の実践である。

(2) 活用のねらい

　本実践では，児童一人ひとりがテーマをもとに想像を広げ，その中から自分の表したいことを見つけて表現する姿をねらっている。そこで，思考スキルのうち，物事についての意味やイメージ等を広げる「広げてみる」に考え方を焦点化することで，イメージマップを通した思考の広がりが期待できる。学級で1つのイメージマップを使い，板書にして視覚化することで，自分の考えの広がりだけでなく，友達の意見とのつながりも実感できると考えた。

　なお，本実践では，小学校1年生という段階を考慮し，1人1台端末ではなく，あえて板書でイメージマップを一斉提示している。

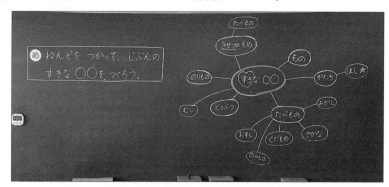

⑶　活用の実際

　実際に思考を「広げてみる」際には,「好きな○○」や「△△と言えば」等のテーマを提示し, 感じたり考えたりしたイメージやもの・ことを児童の言葉で板書をしながら共有していった。板書で共有することで, 学級全体としての思考の広がりを視覚化した。また, 出てきた意見は似通ったものを近くに板書してグルーピングすることで, より一層イメージを広げることができていた。

　児童は, テーマに関する自分の考えやイメージを出すだけでなく, 板書されている友達の意見をもとにさらにイメージを広げて発言しようとしていた。この姿から,「広げてみる」思考スキルを活用していると考えられる。

⑷　学びの深まり

　本実践では, イメージマップでテーマについて学級全体でイメージを広げた後に表現活

動に入った。こうすることで, 自分の考えやイメージはもちろん,「Aくんの言っていた○○も作ってみたい!」「Bさんの△△も真似してみようかな」と, 友達の考えやイメージも取り入れながら表すことができていた。

　特に, 表現活動に関して配慮の必要な児童には効果があったと考えられる。表したいもの・ことのイメージをもつことが難しく, 活動開始時や活動中に手が止まる児童は, 必要だと考えたときに一緒にイメージマップを見ながら話をすることで, 当児が表したいことを見つけていくことができた。

13 イメージマップで学習活動の見通しを広げる

【小3・理科】

(1) 単元の概要

　小学校3年の理科，2学期に学習する音に関する単元である。音を出したときの震え方に着目して，音の大きさを変えたときの様子を比較しながら，音についての理解を深めることが目標である。本実践の場面は，単元の導入時である。まず，教師から単元の目標や時数，パフォーマンス課題が示された。次に，ホワイトボードアプリの Google Jamboard（以下，「Jamboard」）上で，音について知っていることを広げる活動を行った。

(2) 活用のねらい

　2学期後半の単元であるため，これまでに知っていることから知りたいことを引き出し，実験へとつなげる体験を蓄積してきた。それらをもとに，学習者それぞれが，自分たちで知りたいことを明らかにすることを目指して，実験計画を立てさせたいと考えていた。自分なりの学習計画を立てることによって，学習内容や学習方法を見通して学ぶ体験につながることをねらいとした。

　今回は，「広げてみる」という思考スキルを選択した。自分たちの知っていることを引き出すことで，「実はよくわかっていなかった」ことに気づくことができるだろうと考えた。「広げてみる」という思考スキルの習得を支援するために，イメージマップを選択した。「音について知っていること」というテーマで活動を行い，「救急車」「リコーダー」などの生活や学習の経験をもとに考えを広げることをねらいとした。

　他者の考えを途中でも参照できるようにするため，Jamboard をグループのメンバーで共有しておく。そうすることで，気になる表現があれば，直接話し合いをしにいくこともできるし，考えを真似て自分のイメージマップを広げることに生かすことも可能になると考えた。

⑶　活用の実際

　児童が「音について知っていること」というテーマで，イメージマップを活用した。

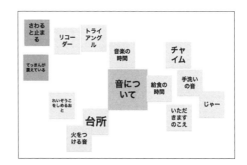

　児童は，「5W1H（いつ・どこで・誰が・何を・なぜ・どのように）」の視点で，知っていることを引き出し始めた。例えば，台所という場所では，水道の音や鍋が煮える音，音楽の時間ではリコーダーの音や太鼓の音など，生活や学習の経験をもとに考えを広げる姿が見られた。

　そこで，音楽室へ移動し，さまざまな楽器に触ることで，「音が出ているとき」のものの様子を体験した。そうすることで，ものが震えている様子を実感していた。そして，音を止めたいときにはその楽器に触れることで，振動と音の関係に気づくことができた。そうした活動を通して，さらにイメージマップに書き加えることを行った。

⑷　学びの深まり

　まずは素朴に知っていること，次に音楽室での体験を通して知ったことをもとにイメージマップを活用して，考えを広げる活動を行った。「どんな楽器も触れると音が止まるのか」「（教科書を見て）糸電話はどこが振動しているのか」などと実験で確かめたいことを具体的に言える児童が増えた。画像（下）のように，このような問いをチャット上で共有しながら，自分で学びの主導権を得る体験につなげられたと考える。

14 イメージマップで市のイメージを広げる 【小4・社会科】

(1) 単元の概要

　小学校4年生社会科の実践である。単元の目標は，「静岡県内の地域の特色を生かしたまちづくりについて調べる活動を通して，地域の様子を捉えることができる」である。イメージマップは，静岡県富士宮市の特色を調べる活動の導入で活用した。

(2) 活用のねらい

　本時は，同じ静岡県内でも自分たちの住む静岡市と距離の離れた富士宮市の特色を調べていく単元である。まずは，導入で教科書や資料集に載っている富士宮市の特色を書き出し，富士宮市のイメージを広げていくことを期待した。

　そのため，本時の主な思考スキルは「広げてみる」である。本学級では，4月から思考ツールを授業で活用しており，本時では，児童それぞれが自由に思考ツールを選択するようになっていたが，富士宮市の特色を調べていく活動の導入であったため，イメージを広げやすい「イメージマップ」を選択する児童が多かった。

　児童は，1人1台端末でGoogle Jamboard（以下，「Jamboard」）を操作し，教科書や資料集に載っている特色を付箋に書き出した。もちろんイメージマップを印刷したワークシートを用意するなど紙媒体でも活動はできるが，教師がワークシートを準備した活動は児童の主体性が損なわれることもあると考えた。また，ワークシートの場合，鉛筆で書いた内容は消しゴムで消さなければ修正できないが，1人1台端末を使えば書き出した付箋を簡便に動かしたり，消したり，色を変えたりできる。さらには，付箋以外にも画像を入れることもできる。そういったメリットを児童も理解しているので，大半の児童は，1人1台端末上でイメージマップを使って活動をした。

⑶　活用の実際

　児童は１人１台端末を使って，自ら Jamboard を開き，「新しい Jam」を作成した。そして，背景にイメージマップ等を設定し，教科書や資料集に載っている特色を付箋に書き出した。

　調べたい地域の「富士宮市」を中心に，まずは教科書や資料集の内容をイメージマップのテンプレートの６つの枠内に書き出していった。枠が埋まったり，枠からさらにイメージを広げたりした場

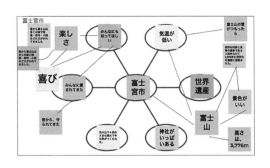

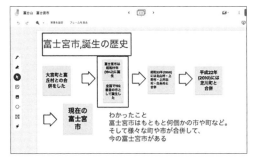

合は，さらに線で結んでいった。詳しく知らなかった「富士宮市」のイメージを広げている児童が多くいた。

　児童によっては，イメージマップで広げた内容を別のシートに「順序立てて」考えることもあった。

⑷　学びの深まり

　イメージマップに特色を書き出すときに，グループで１枚の Jamboard を使用したり，１人で Jamboard を使用したりと，学習形態はさまざまであった。そのため，広げたイメージについて，いろいろな児童と交流する時間を設定した。イメージマップ作成段階ではわからなかったが，本時の振り返りを書かせると，自分が書いていない内容を書き出している児童と交流していたことがわかり，地域の様子をより深く捉えることが確認できた。交流後は，インターネットで検索して，教科書のイメージをさらに広げる活動につなげた。

15 イメージマップで自分の考えを整理し，互いに関わり合う 【小6・社会科】

(1) 単元の概要

　小学校6年の社会科「縄文の村から弥生のくにへ」の単元において，世の中の様子，代表的な文化遺産等に着目して，問いを見出し，狩猟・採集や農耕の生活，古墳，大和朝廷による統一の様子について，考え表現することを目標とした。本時は全7時間の第5時であり，児童はこれまでに縄文時代と弥生時代のくらしの違いを理解したり，米づくりや古墳，国土の統一等について調べたりした。

(2) 活用のねらい

　本時では，くにづくりを進めた王や豪族たちの力の大きさについて着目し，それらを根拠に古墳がつくられた目的について考え，表現する姿をねらった。また，これまでその時代に生きる人々の願いを観点として学習を進めてきたため，本時でも古墳がつくられたという歴史的事象が人々の願いである「安定した生活」とどのように関わっているのかについて考えることを期待した。そこで，「関係づける」ための思考スキルに着目し，全員がイメージマップを使用した。イメージマップは児童のこれまでの経験上，紙のほうが使用しやすいとの共通認識があったため，紙で使用した。全員で紙の端に「安定した生活」その対角線上の端に「古墳」を書き，イメージしたことをつなげていった。1人1台端末は，イメージマップで得た気づきや考えを蓄積していく振り返りとして活用した。振り返りは，学んだことを確認し，次時への見通しをもつために毎時間行った。

(3) 活用の実際

　「安定した生活」と「古墳」の2つのキーワードを両端に置いたイメージマップを児童に提示し，教師から「この2つのキーワードはつながるだろうか」

と言葉をかけた。

　安定した生活からイメージをつなげる児童や、「共通点がないからつながらないと思う」と言う児童もいた。その中で、「村人の立場での意見と王の立場での意見の2つの側面から見ている」という意見が出た。そこで、立場の違いを明確にするために、王の願いは赤色、村人の願いは青色というように色分けをした。そうすることで、王と民の立場の違いが明確になり、児童は自分の考えを整理することができた。

(4) 学びの深まり

　色分けしたイメージマップを見比べ、それぞれの立場における古墳の必要性について、多様な考えに触れる機会を設けた。王の立場から古墳の必要性について考えた児童は、民の立場から考えた児童に話を聞くなど、児童自身の興味・関心をもとにした自由なグループ学習を取り入れた。そうすることで、児童が主体となる話し合いが生まれた。授業の振り返りには、「古墳の意味はあまりないと思っていたけれど、立場の違う友達の話を聞いて、王が権力を示すことで他国から攻められにくく、安定した生活につながっているとわかった」と記入した児童がいた。

　イメージマップを使い、自分の考えを可視化したり、それぞれの児童にとって必要な話し合い活動を行ったりすることで、主体的に学び合う姿につながった。教師は、イメージマップや1人1台端末で行った振り返りを見ることで、一人ひとりの学びの深まりを評価することができた。

16 ステップチャートで物語のプロット構成を捉える　【小2・国語科】

(1) 単元の概要

　本単元では，小学校2年国語科「ものがたりの作者になろう」（光村図書）を教材として物語のつくり方について学ぶ。その際，物語の順序をイメージしながら創作し，順序づけの思考スキルを育成する。そのために，ステップチャートを活用して「はじめ・中・終わり」の構成を視覚化しながらプロットを書き，それをもとに本文を書くようにした。

(2) 活用のねらい

　本実践では，物語のプロットを「はじめ・中・終わり」という三部構成にすることで，順序づけの思考スキルを育成することをねらいとした。思考ツールには，ロイロノートのカードをステップチャートとして用いた。ロイロノートを活用した理由は，以下の3点である。①縦書き機能の活用による比較。今回の授業では，教科書と端末を見比べながら活動を行う必要がある。その際に縦書きと横書きが混在することによる児童の混乱を防ぐことができる。②カード操作が容易。カード同士を矢印でつなぐことができ，ステップチャートとして児童が理解しやすい。また，カードの複製や入れ替えができる。③共有機能による深い学び。

　また，本学級の児童は，1年時より生活科の観察でロイロノートを活用してきた。1年時にはアサガオ，2年時にはミニトマトの写真を成長に合わせて撮影し，その写真を順番に並べることで，成長を捉える経験をしている。順序づけの思考スキルを育成するにあたり，これらの経験とつなげて捉えさせることで，ステップチャートを自然に理解できると考えた。

　なお，児童の文字入力の実態としては，すべての児童が手書き入力を行うことができ，そのうちタイピング入力ができる児童は半数程度である。画像として手書きすることは禁止した上で，文字入力の方法は児童自身に選択させた。

⑶　活用の実際

　「はじめ」「中」「終わり」のそれぞれの段階で，どのように物語が進行するのかを簡単に記入させたが，物語の場面の移り変わりが理解しづらく，すぐに終わらせてしまう児童もいた。そこで，段階に分けることによって，いくつかの場面で構成された奥行きのある物語を書くことができた。構成や本文について，友達同士でアドバイスし合う際も，互いの構成に共通点があるため，「はじめ」「中」「終わり」という用語を使って話し合う姿が見られた。

⑷　学びの深まり

　プロット構成の後，それをもとに本文を書く活動を行った。本文を書く方法については，児童に 2 つの方法から選択させた。1 つは，そのままロイロノートで本文用カードを作成して書き，挿絵はカメラで撮影して本文の中に挿入し，最後にPDF 化して印刷するという方法。

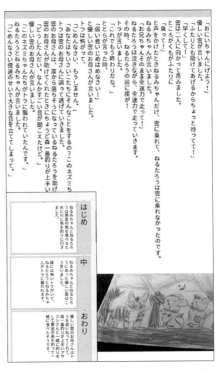

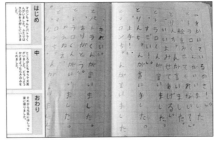

もう 1 つは，紙のノートに書き，挿絵をノートに貼るという方法である。このような自ら学習方法を選択する経験を通して，児童に学習を自己調整する力を身につけさせたい。

17 ステップチャートで単元の学習計画を作成する 【小5・国語科】

(1) 単元の概要

　小学校5年の国語科，3学期に学習する説明的文章の単元である。筆者の意見に対する考えをもち，他者との交流を通して，その考えを広げることが目標である。まず，教師から単元の目標や時数，パフォーマンス課題が示された。次に，自分で学習計画を作成する活動を行った。本実践では，探究的な学習の過程や，これまでの学習計画を参照しながら，学習活動を順序立てるために，ステップチャートを活用することとした。

(2) 活用のねらい

　本単元は3学期の説明的文章の単元であるため，これまでに体験してきた学習計画の蓄積がある。それらをもとに，学習者それぞれに，自分なりの学習計画を立てさせたいと考えていた。自分なりの学習計画を立てることによって，学習内容や学習方法を選択して学べるようにすることをねらいとした。

　今回は，「順序立てる」という思考スキルを選択した。学習計画を作成するには，視点に基づいて学習活動の順序を並び替える必要があるからである。「順序立てる」という思考スキルの習得を支援するために，ステップチャートを選択した。それぞれの学習計画を立てるために，チャット上で現在の進捗状況を児童同士で共有したり，自分のGoogle Jamboardを他者に共有し，いつでもお互いに参照し合ったりできるようにした。

　共通の思考ツールを活用しながら活動する様子が共有されていることによって，「なぜそのような活動を行うのか」「どれくらい時間がかかりそうか」「この活動はどこで行うのか」など，共通の土台をもとに対話を行うことができた。

(3) 活用の実際

　児童が学習計画を作成するために，ステップチャートを活用した。

　児童は，これまでの学習計画を参照しながら，探究的な学習の過程を意識して説明文を読み，単元の目標を達成するために学習計画を作成した。そこでは，1人1台端末のチャット機能で，グループ内で学習計画が共有されていた。共有された学習計画を見合いながら，さまざまな視点から学習計画を吟味する様子が見られた。画像（上）のように，それぞれの表現で，この単元を学ぶ計画が立てられていた。また，友達との対話を通して，順番やかかる時間などの細部を再検討する姿が見られた。

単元計画（7時間）

課題設定	1【課】学習計画をたてる
情報収集	1【情】段落＆初め・中・終わりに分ける＆要旨らしきものに印
	1【情】事例と考えに分ける＆文の作り方を考える
	1【情】コラムについて調べる＆エッセイについて調べる＆違いをジャム
整理分析	1【整】ジャムボードを書く（主張・理由・根拠）を書く
まとめ表現	1【ま】コラムを書き始める＆意見交流
	1【ま】コラムを書く＆意見交流

(4)　学びの深まり

　学習計画を個人で作成することによって，その後の授業では「学習計画を参照して本時のめあてを立てましょう」という指示が冒頭に来ることが多い。そうすることで，毎日の学習内容や方法は学習者が決定することとなる。教師主導の授業よりも，自らの学びに責任をもち，自律的に学ぶ様子が見られる。

　また，計画は崩れることがあるものであり，学習活動を進めていくにあたって，修正が絶えず行われる。学習を進めながら修正を繰り返すことで，自らの学びを絶えずモニタリングし，状況に応じて調整する力にもつながっていくと考えられる。

18 ステップチャートで仮説を設定し，実験計画を立案する 【中3・理科】

(1) 単元の概要

　本単元では，中学校3年の理科において，物体の運動に関する現象について，日常生活や社会と関連づけること，また，見通しをもって観察・実験を行い，その結果を分析・解釈し，運動についての規則性を見出して理解させることが主なねらいであった。

　生徒は本単元で，記録タイマーを使って，物体の運動を調べることができる。また，水平面上で物体に力が働き続けたときの運動や，物体に力が働いていないときや，働いていてもそれらがつり合っているときの物体の運動について，実験し理解している。本時は，既習事項をもとに，水平面上ではなく，斜面上での物体の運動について，実験を通して理解させたかった。

(2) 活用のねらい

　本時の学習は，斜面の角度を変化させることで，斜面を下る台車の速さや，台車に働く力の大きさの変化について仮説を立て，検証するための実験計画を立てることがねらいである。ねらいを達成するためには，「見通しをもち検証できる仮説を立てる」→「仮説を確かめるための実験方法を立案する」→「実験する」→「結果を整理し，考察する」という探究の過程を行ったり来たりする必要がある。それぞれの過程での思考を整理しながら，構造化することで結論に導かせたい。それらを踏まえ，思考スキルは，「推論する」「構造化する」と合意形成をした。思考ツールは生徒が使用しやすいものを選択し，Google Jamboard（以下，「Jamboard」）の背景に設定するようにした。そうすることで，1枚のJamboardで仮説から結論までの思考の流れを整理することができる。また，ICTを活用することにより，個人で考える場面でも，常に他の生徒の考えを共有できるようにした。

(3)　活用の実際

　生徒が選択した思考ツールで一番多かったのは，ステップチャートであった。ステップチャートは，探究のそれぞれの過程ごとに考えをまとめやすく，理科の問題解決学習では生徒がよく使うツールである。また，課題に対する答え（結論）をこのツールを見ながら，順序よくまとめることができる。さらに，Jamboardで他の考えを常に共有できるので，手立てが必要な生徒にとって，考えを導くためのヒントとなっていた。しかし，教師の意図としては，仮説から結論までの見通しをもって思考を整理するために活用してほしかったが，ステップチャートのすべての枠に仮説を入力していた生徒が数人いた。そういった生徒は他の生徒のよい例を途中で共有することで，支援できる可能性がある。

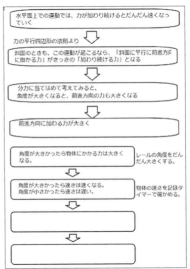

(4)　学びの深まり

　次時の授業では，立案した実験計画を実行した。さらに結果から考察し，斜面の傾きによって台車の速さの増加量が異なる理由を，台車に働く力の大きさと関連づけてまとめ，説明するという活動を行った。全体で共有する中で，実験の結果が考察の根拠として十分かどうかを検討し，追加の実験方法を考えるグループが続出した。思考ツールを活用することによって，自分の思考の過程や結果を整理したものを確認することができるので，探究の過程を振り返りやすい。

19 クラゲチャートで描写をもとに心情を捉える

【小5・国語科】

(1) 単元の概要

　本単元は，小学校5年国語科の「大造じいさんとがん」によるものである。単元の目標は，登場人物の相互関係や心情などについて，描写をもとに捉えることができることをねらいとしている。本実践は，総時間9時間の第6時に行った。情景描写をもとに登場人物の心情を捉え，説明することができることをねらいとしている。

(2) 活用のねらい

　心情を捉えるための理由づけとしてクラゲチャートを活用し，登場人物の心情を自分の言葉で説明できるように取り組んだ。「登場人物の心情を理由づける」ことをねらいとしてクラゲチャートを貼り付けておき，そこに情景描写を書かせ，その情景からどのような心情がわかるのか記入させ，説明できるようにした。

　説明することを意識させたのは，「教科書の○ページに『△△』と書かれてあるので，そこから□□と考え，●●という心情を考えました」というように児童に登場人物の心情を捉えさせたかったからである。

　説明する際には，考えたことを大型モニターに映して説明できるので，登場人物の心情を全員で共有することができた。

　さらに，友達の考えを聞いて新たに考えたことや，なるほどと思ったところなど，考えが変化したところがわかるように，最初のクラゲチャートをコピーし，加筆・修正等できるように工夫した。そうすることで，自分が考えた心情と，他者の考えを聞いて改めて考えた心情とを比べることができ，自分の考えの広がり，深まりを児童自身が実感できる取り組みにすることをねらい，実践を進めていった。

⑶　活用の実際

　児童は，クラゲチャートに自分の考えを書く際，情景描写から考えたことを記入していた。児童によっては，下に枠を追加する児童もいたり，下に書いた枠と枠を矢印を使って関連させたりして考える児童もいた。文章でまとめるのではなく，思考ツールを用いることで，どの児童も情景描写から心情を進んで考え，思考したことを書き込んで整理する姿が見られた。

　また，友達の考えを聞いて，新たに考えたことを書き加えたり，自分の考えから心情をより深く想像したりしたことを書いている児童もいた。

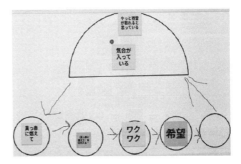

⑷　学びの深まり

　クラゲチャートを活用して考えたことをグループで交流し，全体で発表し合い，再度自分で考える時間を通して，登場人物の心情をより深く捉え，単元のゴールである「登場人物の心情がわかるように朗読しよう」につなげることができた。

　情景描写から読み取ったことを理由づけて説明するために，クラゲチャートへ整理することは，自分の思考を整理する上でも大変有効であり，登場人物の心情を読み深める手立てにもなった。

20 クラゲチャートで物語の伏線を理由 づけて解釈する 【中3・国語科】

(1) 単元の概要

中学校 3 年国語科で扱う小説「握手」(井上ひさし) は,語り手である「私」と「ルロイ修道士」との再会を通して,命,人生の交流を描いた作品である。再会の場面と,回想として挟まれる過去のエピソードからルロイ修道士の生き方や人となりを読み取り,小説の描かれ方の巧みさや面白さを味わうことを目標としている。

(2) 活用のねらい

「伏線」とは,「物語や小説などで,あとで起こる事件やできごとを効果的に示すために,あらかじめそれとなく示しておく仕掛け」と教科書の学習用語辞典に示されている (三省堂『現代の国語 3』)。最近は,ドラマやアニメ・漫画の中で示された伏線について「伏線が張られる」「伏線を回収する」という言葉で日常的に話題になり,生徒たちに浸透してきている。「握手」においても,徐々に描かれてきたルロイ修道士の言動が伏線となり,やがて,ルロイ修道士は病にかかっており,この世との別れに,かつて自分が園長を務めていた児童養護施設の卒業生を訪ねて回っているのではないかという「私」の確信へとつながっていく。

この学習では,学習のまとめの段階で,今までに読み取ってきたルロイ修道士の様子や彼が語る言葉を統合させ,「私」が確信した再会の意味を捉えさせる。「理由づける」思考スキルを用いて,「私」が確信した再会の意味の根拠となるルロイ修道士の言動をクラゲチャートを用いて整理させた。クラゲチャートを 1 人 1 台の端末にそれぞれ背景として設定させ,「ルロイ修道士が病気でこの世の暇乞いにかつての教え子たちに会って回っている」と「私」が考えた根拠を複数あげさせた。ルロイ修道士の言動に対する違和感や不安感をしだいに高めていき,ルロイ修道士の死を予感させながら,ルロイ修道士への伝えき

れない感謝や励まし，万感の思いを，物語のクライマックスで別れの握手へと
凝縮させていくという展開や叙述の巧みさ，効果を実感することができる。

(3)　活用の実際

　再会の握手が過去の力強い握手
ではなく，実に穏やかだったこと，
園児の食料作りに精を出したため，
固く汚れて擦り合わせるとぎちぎ
ちと鳴ったてのひらが鳴らないこ
と，プレーンオムレツでさえまっ
たく食べていないこと，過去叱っ
たときの平手打ちを謝ったり，遺
言のような言葉を「私」に言い聞
かせたりしたこと，を根拠として
4つ以上あげることができていた。

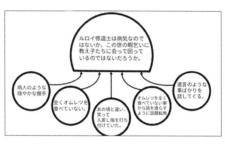

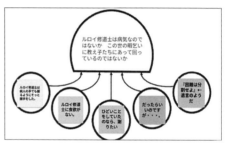

(4)　学びの深まり

　この学習の後に振り返りをさせた。「いろいろな伏線があり，読み進めてい
くと，読み手に薄々と感じさせるようなおもしろみがある」「伏線を張ってい
て，最後に意味がわかるような書き方になっている」「少しずつルロイ修道士
の異変を感じさせる描写……確信に変わっていく『私』の気持ち，何も気づか
れないように，気を遣わせないようにというルロイ修道士の心情が二人の会話
に表れていて面白かった」というように，叙述の効果を生徒は捉えていた。

　また，「文章の要点をまとめ，そこから作者が読者に伝えたかったことを導
き出す」「自分の主張，意見，その理由を説明する」「いくつかの資料からわか
ることをまとめる」際にクラゲチャートが活用できると生徒は考えていた。さ
らに，数学の証明をするときに，「クラゲの足の部分に根拠をあげると証明す
るポイントがわかって証明しやすくなる」など他教科での活用も考えていた。

21 クラゲチャートで優先する条件とその理由を整理する 【中2・総合的な学習の時間】

(1) 単元の概要

中学校2年生の総合的な学習の時間の実践である。キャリア教育として行ったこの実践は，職業を選ぶ際の優先順位について話し合うことを通して，将来の進路選択に向けて幅広い視野を身につけることを目的とした。

それまでのキャリア教育の取り組みとしては，まず，診断システムを活用し，自分では気づかなかった自分のよさや適性に気づくことで，自分自身の進路選択について客観的に捉える学習を進めた。次に，自分の興味のある職業についての調べ学習を行い，ワークシートにまとめたものを学級で共有した。今回の実践は，それまでに獲得した情報をもとに，職業を選択する際に優先する条件について，グループで意見を交わしながらクラゲチャートに考えを整理した。

(2) 活用のねらい

職業選択の条件は多様であり，決して給料のためだけで職業を選ぶわけではない。職業で優先する条件についての理由をグループ学習で考えることで，説得力が増し，幅広い視野で職業を捉えられるようになり，より自分の適性に合った職業選択ができる。

よって，今回の学習では，MetaMoji Classroom のグループ学習ページでワークシートを配布し，4〜5名のグループで話し合って，選んだ職業を選択する上で優先したい条件の「理由」をクラゲチャートにまとめ，発表した。タブレット端末上でグループ学習をする利点は，作業と共有を全員が一斉に行えるところにある。紙媒体で行うと生徒たちの対話は増えるが，それは役割分担や作業のない生徒の私語なども含まれ，必ずしも思考が深まる対話とは限らない。また，作業の進行が遅いため，完成したワークシートをもとに思考を深める手前でタイムリミットを迎えてしまうことも少なくない。タブレット端末上の思考ツールでは，思考の流れを止めずに他者の意見に触れることができ，教師が

余分な指示や発問を挟まずに深い学びが実現する。

(3)　活用の実際

　実際の活動では，職業選択で優先する条件を決める際に各グループで活発な議論が行われた。理由を書き込む際には，共有しながら作業ができるため，全員が一斉に作業に取りかかることができ，作業時間を短縮することができた。作業の十分な時間を確保できたことで，個人の性格からの視点や一般論など，幅広い視点が理由に盛り込まれたクラゲチャートが完成した。

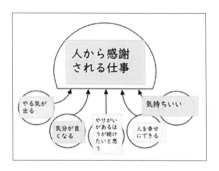
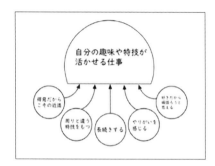

(4)　学びの深まり

　今回の活動の後，さまざまな職種の経営者の方によるパネルディスカッションを学年行事として行った。生徒たちは，経営者の生の声を聞き，経営者の方の人生を今の自分と照らし合わせて考え，自分たちの意見にも確信がもてたようであった。

　一方で，現実の厳しさという新たな視点に気がつき，今までになかったものの見方・考え方（職業選択の視点）を知ることができ，より幅広い視野で職業を捉えられるようになった。そのことは，経営者の方へ書いたお礼の手紙の中の「仕事を通して，人としてどう成長していくのかを知り，自分もそうなりたいという目標をもつことができた」という内容からも判断できる。

22 くまで図で上位語と下位語の概念を捉える 【小1・国語科】

(1) 単元の概要

　本単元で，児童は小学校1年国語科「ものの名まえ」（光村図書）を教材として上位語と下位語の概念について学ぶ。その上で，お店屋さんごっこをするために，自分が出す商店で扱うもの（上位語）ではどのような商品（下位語）を売るのかを考えていく。教材の読解や自分の出すお店を考える場面で，児童が上位語と下位語の概念を視覚的に捉えられるようくまで図を活用し，具体化の思考スキルを育成する。

(2) 活用のねらい

　本実践では，上位語から下位語を考えることを通して，「具体化する」思考スキルを育成することをねらいとした。思考ツールには，ロイロノートのくまで図を用いた。くまで図はその見た目から，使い方が直感的に理解しやすいという特徴がある。「ものの名まえ」の教材では，「くだもの」や「さかな」といった上位語の例が示されている。それらの読解の際にもくまで図を活用した。思考ツールでの学びを重ね，自分のお店を考える際に児童自身が自ら活用できるようにした。

　本校ではChromebookとロイロノートが導入されている。本学級の児童の活用力の実態としては，端末導入から5か月を経て，ほぼすべての児童が手書き入力で，そのうち1割〜2割程度の児童がタイピングで文字入力ができる状態であった。必ずしも入力ではなく画像として文字を書くことも可とし，表現方法を児童本人に選択させることで，児童が安心して活動に取り組めるようにした。

(3) 活用の実際

　くまで図の柄の部分には上位語（児童の出すお店の種類になる），歯の部分には

下位語（お店の商品になる）を入力でき
るように，テキストボックスを設定し
てロイロノートで配付した。上位語と
して選択する言葉によって学習の難易
度が変わるため，上位語を選ぶ際には
個別のアドバイスを行った。下位語が
思いつかない児童には Google 検索を
用いて「〇〇〇〇　しゅるい」で検索
するとよいことを伝えた。ICT スキル
に個人差があるため，班ごとに児童同
士で教え合いや助け合いをしながら活
動できるようにした。

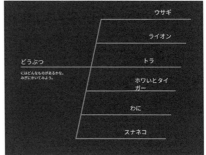

(4)　学びの深まり

　授業を行う中で，1 人の児童が上位語と下位語の関係性が 2 段構造とは限ら
ないことに気づいた。例えば，「虫→カブトムシ→ヘラクレスオオカブト」の
ように 3 段構造になる場合もある。クラスの全員で共有した際，その児童は
くまで図を使い，さらに段を付け加えて 3 段構造にすることで説明を行った。
くまで図を使って視覚的に捉えることで，上位語と下位語という概念の構造を
的確に理解できたものと考えられる。

　1 年生の学習において ICT を活用する利点は，字を書くことに割く時間が少
なくなることで思考活動に重点が置ける点と，同じワークシートを繰り返し使
える点とがある。児童の ICT 活用の経験を積み上げ，以後の活動をより高度
なものとするためにも，積極的に端末を活用していきたい。

23 くまで図で物語のクライマックスに 合うBGMを考える 【小4・国語科】

⑴ 単元の概要

　小学校4年国語科の物語単元の終末において，これまでの読み取りをもとに，クライマックス場面にふさわしいBGMを考えることを目標とした。その際，登場人物の心情を多面的な表現に着目して読み取れるよう，くまで図を用いた。

⑵ 活用のねらい

　本単元は，登場人物の場面ごとの気持ちの変化について，行動や気持ちを表す言葉とともに，情景にも着目した心情の変化の読み取り方を学ぶことを目標とした。心情を捉えるために，クライマックス場面の登場人物の心情に合うBGMを考えるという課題を設定した。

　登場人物の心情について，「行動・様子」や「セリフ」「情景」など複数の表現に着目して読み取ることを期待し，「多面的にみる」という思考スキルの発揮を想定した。「多面的にみる」ことを支援するための思考ツールとして，くまで図を活用した。

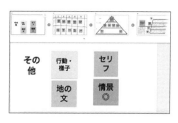

　児童がクラウド上の個人の学習スライドに，単元を通して場面ごとの読み取りを記録できるようにした。また，単元の初めから「着目する表現」の観点を付箋で示していた。1人1台の端末を用いてクラウド上に学習スライドを作成することで，学習の履歴を容易に蓄積・参照することができる。また，単元の要となる観点を示した付箋などを，児童の必要に応じて思考ツールなどにコピー＆ペーストするなど，繰り返し活用することも可能になると考えた。

⑶ 活用の実際

　場面に合うBGMを考える際は，まず曲のイメージをくまで図の左部分に書

く児童や，着目する表現の付箋を先に右部分に貼り付ける児童がいた。くまで図により，1つの表現からだけではなく，「行動・様子」や「情景」など複数の視点から心情を「多面的にみる」ことができた。

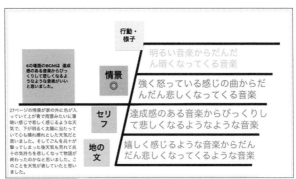

　一方，本単元で初めて学ぶ「情景」の読み取りに難しさを感じる児童もいた。そこで各自のスライドのリンクを共有し，互いの考えを参照できるようにすることで，「情景」に着目した心情の読み取り方について学び合うことができた。

(4)　学びの深まり

　多面的な表現に着目し，心情を読み取った後，課題であった「クライマックス場面にふさわしいBGM」について文章で記述させた。授業冒頭では，1つの表現に着目してBGMの提案を考えていた児童も，複数の表現，特に「情景」に着目した心情まで読み取ることで，これまでの場面とのつながりや，クライマックス場面の中でも複数の心情の移り変わりがあることに気づくことができた。振り返りからは，心情を「多面的にみる」よさを実感した様子がうかがえた。単元の要となる観点（見方）を落とさないための支援として，「多面的にみる」くまで図と付箋（観点）が学びの深まりを支えた。

> **自分の考え①**
> 　はじめは，達成感のある音楽を選びました。理由は，兵十のおっかあが亡くなってしまう少し前にウナギが食べたいと言ったからどろどろの川の中にまで入ってウナギを取ったのに，ごんの軽い気持ちで兵十が行ったことが水の泡になったから恨みを持っていて，またあの気持ちを経験することも嫌だしウナギを食べさせてあげれなくてごめんという無念な気持ちをなくしたかったときにごんを見つけたから敵を討とうという気持ちでごんを撃ったからです。その時は達成感が出ると思うから達成感のある音楽がいいと思いました。
>
> **自分の考え②**
> 　27ページの情景が，家の外に色が入っていて上が青い雨雲みたいに薄暗い感じで悲しく感じるような天気で，下が明るく太陽に当たっていて心も晴れ晴れとした天気だと思いました。そしてごんを兵十が撃ってしまった後，天気も荒れて兵十の気持ちを悲しくなって物語が終わったのかなと思いました。このことを天気が表していたと思いました。

24 フィッシュボーン図でプロジェクトを多面的に検討する 【小5・総合的な学習の時間】

(1) 単元の概要

　本単元は，小学校5年の総合的な学習の時間で，地域の高齢者との交流を通して，相手の思いや願いを受け止め，相手の立場に立ち，相手の気持ちに寄り添うことの大切さを理解し，自分たちのまちに対する見方や考え方を見つめ直し，まちの人たちと共にまちを大切にし，社会の一員としての自覚を深めようとする単元である。

　本時は，単元の中盤で，児童一人ひとりが個別の関わりをもつ高齢者の方と共に問題解決をしたり，共に楽しんだり，豊かな知識・知恵を学ぶ場を設けたりするプロジェクトをそれぞれが立ち上げ，その目的や方法などを報告し，友達と議論しながらプロジェクトの内容を精査・検討し，自らの考えを深化させることを目標にした時間である。

(2) 活用のねらい

　ここまでの数か月間，地域の老人会に参加したり，ご自宅に訪問させていただいたりするなど，高齢者の方と個別の関わりをもってきた。その高齢者の方の思いや願いに寄り添った最善の方法を児童それぞれが見出すことを期待した。

　ここでは，プロジェクトの大まかな内容が見えている児童が大半であったため，自らの考えを多面的に見て深めることをねらい，フィッシュボーン図を選択した。児童は，これまでに社会科で農家で働く人の意図を読み取ったり，国語科で物語の主人公の思いに迫ったりするときなど，自分の考えを深めたり，新しい気づきを期待したりするときにフィッシュボーン図を選んでいる。ここでも，自らの考えを多面的に見ることが必要であることから，児童がフィッシュボーン図を選択することを想定した。そして，フィッシュボーン図に整理した考えをもとに友達と話し合ったり，学級全体で共有したりする学習活動をする。そのときには，書画カメラを活用して全体共有を図るようにした。

(3)　活用の実際

　A児が関わる高齢者Bさんは，自宅の近くにある公園に昔のように人が集まらないことを嘆いていた。子どもの遊んでいる声が聞こえたり，親子でピクニックをしている姿が見えたりするなど，昔のような活気を取り戻してほしいという願いをもって

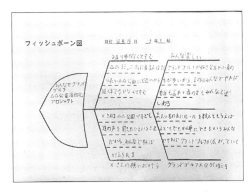

いた。そこで，A児は，「みんなでグランドゴルフ！△△公園活性化プロジェクト」を企画した。

　この案は，A児以外の児童が企画している内容と協働することで，より高齢者の思いや願いに寄り添ったプロジェクトになるという理由から多くの児童から賛同された。そして，それぞれの企画を組み合わせて「△△公園活性化プロジェクト」として進めることになった。

(4)　学びの深まり

　フィッシュボーン図を画面共有したことで，一人ひとりの児童の考えが洗練されると同時に新たなアイディアが生まれた。A児が気づいたことは，高齢者以外のまちの人ともつながりを広げていくことの大切さである。Bさんが安心して暮

らせるようにするためには，高齢者以外のまちの人ともつながらなければならない。その輪を広げていくことが自分にできることであり，このプロジェクトの目的であると話していた。同じツールで友達と話し合うことは，考えを深めるために必要である。また，年度当初に設定した育てたい資質・能力をもとに，これまでの児童の発言や文章から見取り，評価することができた。

25 フィッシュボーン図で地域の特色を多面的に捉える 【中2・社会科】

(1) 単元の概要

中学校2年生の社会科の地理的分野での実践である。日本の諸地域の学習では地域的特色を「自然環境」「人口」「資源・エネルギーと産業」「交通・通信」の4つの項目を身につけるように指導を行っている。いろいろな視点から地域を捉える大切さや、視点を変えることで見えてくる事象について気づき、共通点や差異について考察・表現することを目標としている。関東地方では、特に人口について重点を置き、項目ごとに学習を進めた。学習の振り返りの場面では、関東地方に人口が集まる理由を多面的に考察し発表した。

(2) 活用のねらい

生徒自身が知識の整理・分析、関連づけなどを行う技術を身につけ、生徒主体で考察を深める学習を目指す。そのために、検索するだけでは答えが見つからないような疑問をもち、その答えや学習内容を振り返り、他者との対話の中で解決していくような学びになることを期待している。

本実践では、地域の特色を4つの視点から「多面的にみる」ことを支援するフィッシュボーン図を活用した。また、クラウド上のExcelシートに授業の振り返りを蓄積するようにしている。互いの振り返りを参考にしたりコメントを残し合ったりして、これまで以上に学習の振り返りを丁寧に行うことができている。生徒からの感想でも、他の人の意見がすぐに見えることや、自分と違った考えに気がつくことができたなどの肯定的な意見が出た。

今回のフィッシュボーン図の作成の際は、Excelシートを見返し、学習内容の整理・分析を行った。教科書や資料集だけでなく、振り返りシートの内容を確認することで、知識を多面的に整理し、関連づけたり根拠となる事象に気がついたりする姿を期待して実践を行った。

(3)　活用の実際

　フィッシュボーン図の作成について NHK for school の動画を視聴し，学習のまとめに取りかかったが，主張の視点となる中骨を記入するところに悩んでいる生徒が見られた。しかし，生徒同士で相談したり，振り返りシートや教科書を読み直したりして視点を整理することができた。視点の内容を記述するときは，互いに声に出して確認し，内容の重複がないかや，もっと具体的に書くことができないかなど，内容の精選を進めた。

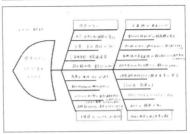

　発表の場面では，身振り手振りをつけながら「関東地方に人口が集中する理由」を主張し合うことができた。地理の学習の視点だけではなく，歴史的な視点に着目する生徒も現れ，多面的に理由を述べることができていた。初めは，フィッシュボーン図の記入に戸惑っていた生

徒も，発表の際には視点と内容を整理し相手に伝えることができた。

(4)　学びの深まり

　評価方法としては，「人口が集中する理由について多面的・多角的に捉えることができているか」を基準にしている。学習のまとめとして，根拠をもって主張を行う機会をもつことで，言葉の知識の習得で終わっていたところから，自らの生活している場と関連づけて考察したり，相手にわかりやすくするための工夫をしたりすることができ，これまで以上に学習を深めることができた。

26 バタフライチャートでテーマに対する 多様な考えをまとめる 【小5・国語科】

(1) 単元の概要

小学校5年国語科「あなたは，どう考える」（光村図書）についての実践である。題材を決め，自分の考えを読み手が納得する意見文にまとめる「書く」単元である。自身の考えを理由や根拠を示しながら論ずるとともに，予想される反論とそれに対する考えを示すことで，読み手を説得する意見文の作成を行った。三部構成（はじめ・中・終わり）で文章を書き上げる構想段階で使用することで，テーマに対しての考えを多面的にまとめることにつながる。

(2) 活用のねらい

児童がテーマに対して多面的に考えを構築することができるようになることを期待して，バタフライチャートを活用して実践を行った。児童が使用するホワイトボードアプリ（Google Jamboard。以下，「Jamboard」）の背景にバタフライチャートを設定し，児童はテーマに対して，賛成・反対の意見をそれぞれ書き込んだ。Jamboard を活用することで，自由自在に考えを動かすことができるよさがある。テーマに対してあらかじめ賛成・反対の立場を決めるのではなく，付箋に書き出していく中で，自分の立場を決めることとした。テーマに対して，賛成・反対の両方の立場から多面的に理由を書き出していくこと，意見文をより説得力のあるものにすることを期待した。また，両方の立場から考えを書き出すことで，予想される反論を論じやすくなるだろう。

(3) 活用の実際

「小学生にスマホは必要か」というテーマのもと，賛成・反対の立場になり，付箋の書き出しを行った。賛成の意見として「災害時に連絡することができる」「情報収集がしやすい」「コミュニケーションを取りやすい」などの意見があげられた。一方で反対の意見として「目が悪くなる」「睡眠に悪影響」「スマ

ホに夢中になりすぎる」などの意
見があげられた。書き出した意見
をもとに，より強い賛成とより強
い反対に付箋を動かした。ここで
強い賛成，強い反対に動かした考
えは，文章を作成する根拠となっ
た。また，Jamboardを共同編集
できるように共有し，他の児童の
考えを相互参照することができる
ようにした。クラウド上で他の児
童の考えた考えを参考にしながら，
付箋を追記した。各自で考えた理
由だけでなく，他の児童の理由も
参照することで，より多面的に考
えるきっかけともなった。完成し

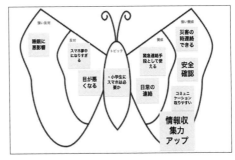

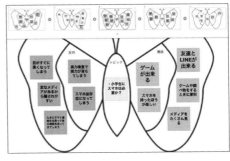

たバタフライチャートをもとに，自分の立場とともに意見文で記載する根拠や
内容を検討していった。バタフライチャートにまとめたことで，賛成・反対の
立場それぞれから考えをもつことができた。

(4)　学びの深まり

　バタフライチャートを作成した後に，「はじめ・中・終わり」で文章構成を
検討した。「はじめ」には自分の立場と簡単な主張，「中」には根拠と理由，予
想される反論とそれに対する考え，「終わり」にはまとめの主張を基本の型と
して文章を作成した。テーマを多面的に見たことで，根拠や予想される反論が
精選されていった。

　文章をまとめる際には，バタフライチャートを見ながら，すらすら自分の意
見文をまとめる姿が見られた。事前に賛成・反対の両面から考えを書き出して
いたことで，説得力のある意見文作成につながったと考えられる。

27 バタフライチャートで「節度ある生活」について考える 【小5・道徳科】

(1) 単元の概要

　小学校5年道徳科の実践である。節制して生活することの大切さを考えさせることで，節度を守り節制に心がけようとする態度を養うことを目標にして行った。

(2) 活用のねらい

　小学校5年道徳科で，「流行おくれ」（光村図書）の物語の中心人物となる「まゆみ」に共感する立場で考える場面を意図的に設けることで，「いけない」「よくない」とわかっていてもできないことがある人間の弱い部分があることに気づき，自己の生き方を見つめることができることを期待した。自分の思いどおりにならないときに自分勝手な行動をしたり怒りを露わにしたりする「まゆみ」の行動を非難することに終始する児童がいることが予想されたため，「多画的にみる」という思考スキルを働かせるため，バタフライチャートを使用した。1人1台の情報端末を活用し，Google Jamboard の背景をバタフライチャートに設定したものを課題として1人1つずつ配付し，学習カードとして使った。紙でなく情報端末を活用したのは，相互参照を可能にするためである。相互参照を可能にすることによって，直接的な対話だけでなく，クラウドを介しての対話を可能にし，必要なタイミングで参照したい児童の学習カードで多様な感じ方や考え方に接する機会を保障するために情報端末を活用した。

(3) 活用の実際

　初めは，多くの児童が「反対」「すごく反対」についての記述を多く書いていた。反対の意見では，「我慢できていない」「自分のお小遣いで買えばいい」などの「節度・節制」に関する記述が多く出ていた。記述を進めていくに連れて，「買ってほしいものはある」「流行おくれはやだ」などの「賛成」の立場の

記述も徐々に見られるようになった。

　席を立って他の児童と意見交換をしたり，相互閲覧をしたりして出てきた意見を色分けしながら書き足す児童が多くいた。「賛成」「すごく賛成」「反対」「すごく反対」という立場から，「多角的にみる」だけでなく，他の児童の立場の意見も取り入れた思考ツールとなっていった。

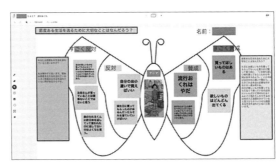

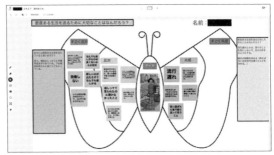

(4)　学びの深まり

　バタフライチャートは「多面的にみる」ことを支援する。道徳科では多面的・多角的な議論が求められていることもあり，道徳科でよく活用される思考ツールの１つである。自分の立場だけでなく，あえて自分とは逆の立場に立つことによって，より多面的・多角的な視点で問題を捉えることを促すことができた。また，端末上で整理することで，「賛成・反対」だけでなく，他の児童の考えも参考にしながら学ぶことも促すことができた。

　本時では，バタフライチャートを使って「賛成」「反対」の立場から考えた後，節度ある生活を送るために大切なことは何かを考え，自分の考えをまとめて記述した。節度や節制をするためには，約束をつくったり，自分のできる範囲でものを買ったりするなどの「なりたい自分」に関することだけでなく，「よくないとわかっているけれど，やってしまうことがある」という自己を振り返る記述があった。

28 プロットダイアグラムで物語の構成の変化を整理する　【小6・国語科】

(1)　単元の概要

　小学校6年国語科「漢字の広場　五年生で学んだ漢字」（光村図書）で，5年生までに配当されている漢字を活用して文章を作成することを目標にした。最初に，文章を作成しやすくするために，教科書に記載されている漢字を活用して想像できる物語を自ら考えさせた上で，登場人物の人物像を想像させた。次に，個々で作成した登場人物の人物像をグループで共有した上で，物語全体の構成を考えるために「変化をとらえる」プロットダイアグラムを活用した。

(2)　活用のねらい

　「漢字の広場　五年生で学んだ漢字」では，既習漢字を活用して文章を作成することができるようにする必要がある。そこで，自ら物語を作成することで，主体的に文章を作成することができるようにした。なお，物語に登場する人物像を想像しやすくするために，インターネットを活用して情報を収集することができるようにした。また，登場人物の人物像を瞬時に把握するために，各自で作成した登場人物の人物像をクラウド上で共有できるようにもした。人物像を共有した後，物語を構成する場面を設定し，プロットダイアグラムを活用した。プロットダイアグラムを活用することで，右から左に物語の場面変化を捉えたり，物語の注目度を上下で表現して変化を捉えたりすることで，場面に応じた物語の変化を捉えさせやすくした。その後，話し合いを進めながら共同編集することで，既習漢字を活用してグループで1つの物語を完成することができるようにした。

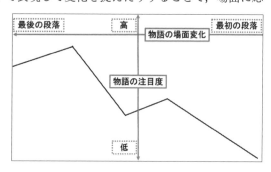

⑶　活用の実際

　教科書に示されている5年生で学習した漢字を全体で確認した。その後，既習漢字を活用して物語を作成した。その際，登場人物を個人で1つずつ作成するために，登場人物の名前や性格，年齢など，物語の構想に関係する内容を考えさせた。そして，各自が作成した登場人物の人物像を互いに確認し合うために共有場面を設定した。すると，児童は個々で作成した人物像を確認し合いながら人物像を修正したり，登場人物の関係性を考えたりすることができた。

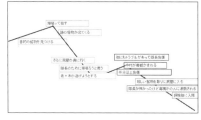

　その後，プロットダイアグラムを共有しながら物語の構成を考えた。この場面では，担当する段落をグループで話し合わせた。次に，物語の構成を話し合いながら共同編集させた。

⑷　学びの深まり

　プロットダイアグラムの活用後，物語を共同編集で作成する場面を設定した。その際，プロットダイアグラムを確認しながら，担当する段落の物語を作成していた。児童は，プロットダイアグラムを活用することで，登場人物の人物像を踏まえた上で，物語全体の構成を把握しながら文章を作成することができた。なお，共同編集で物語を作成しているため，物語の前後の展開を各自で把握し，調整しながら物語を作成することができた。文章を確認すると，物語の展開や注目度をもとに物語が構成されているだけでなく，教科書に示された漢字を複数活用して文章が作成されていた。そのため，プロットダイアグラムの活用に効果があったと考えられる。

29 ピラミッドチャートで理由を構造化する 【小4・社会科】

(1) 単元の概要

　本実践は，小学校4年社会科「地域の関係機関や人々は，自然災害に対し，様々な協力をして対処してきたことや，今後想定される災害に対し，様々な備えをしていることを理解すること」を受けて設定した単元である。国や県，市，地域等の関係機関が行う災害対策の関連性・関係性を考えることを通して多面的な見方や考え方を養うことを目標とした単元の導入における実践である。

(2) 活用のねらい

　本時では「自助」に関わる内容を取り上げる。本校区では平成30年7月豪雨の際に断水等の二次災害を経験している。災害に備えて各家庭でもさまざまな備えや対策が積極的に行われており，児童もある程度それを把握している。そこで，各家庭で行われている備えや対策が，すべて共通した目的・ねらいで行われていると気づき，一階層上の知識を得て学びが深まることを期待した。

　児童は，前時までに各家庭で行っている自然災害に関わる備えや対策を調べてきている。本時では調べてきた内容を共有し，その備えや対策の目的・ねらいを考えて整理することとした。そこで思考スキルのうち，順序や筋道をもとに部分同士を関係づける「構造化する」に考え方を焦点化し，ピラミッドチャートを用いることにした。ピラミッドチャートは，思考を構造化する過程を視覚化できる。そのため，自分の考えを整理する際だけでなく，友達と意見を比較したり再検討したりする際にも学びを深められると考えた。

　なお，本実践では，児童の1人1台端末への習熟状況から，黒板やノートでピラミッドチャートを使用している。

(3) 活用の実際

　問いの解決に向けてピラミッドチャートを活用したことで，家の備えは，①

安心・安全のため，②命を守るため，③元気に生
活をするため，と共通理解を図ることができた。
家庭での取り組みを関係づけて一階層上の概念に
整理し，それをさらに関係づけてより上位概念に
するといった段階的な思考の構造化ができた。

　さらに，一度出た意見を再検討することで学級
全体として共通の方向性で思考を整理できた。ま
た，考えの言語化が難しい児童も，意見を整理したり，より明確に表現したり
することにつなげることができた。

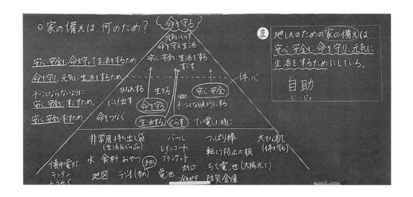

(4)　学びの深まり

　本時の終末に「家での対策だけで自然災害を防ぐことや，災害時に安心・安
全な生活をすることができるのか？」と問いかけ，対象を地域や市町村，県，
国などの関係機関に広げて，単元全体の問いにつなげた。

　学習を進める中でも関係機関と家庭の取り組みの共通点に多くの児童が気づ
いていたが，ピラミッドチャートで思考を構造化したことで，本時の学習を既
習事項として他の時間に生かすことができ，また，学習事項同士を関係づけて
考える力を身につけ，より学びが深まったと考える。

　今後は，クラウド上で共有されたピラミッドチャートを活用することで，友
達の学習過程を参照しながら学ぶような授業の実現を目指したい。

30 ピラミッドチャートで仕事への思いと行動を構造化する 【小4・社会科】

(1) 単元の概要

　小学校4年の社会科で，住みよいくらしを支えるための仕事について学習した。単元のまとめとして，働く人の思いと仕事，くらしの関係を構造化して整理することを目標とした。

(2) 活用のねらい

　本単元は，住みよいくらしを支えるための公共の仕事と，働く人の思いや仕事の工夫について学ぶことを目標とした。思いと工夫がくらしにどのようにつながっているか，働く人へのインタビューや教科書，Webサイトから集めた情報をもとに，それぞれの関係を捉える学習を行った。

　仕事の内容を理解したり覚えたりするだけの学習ではなく，住みよいくらしを支えるものとしての仕事という見方・考え方を働かせることを期待した。そこで，働く人の思いと仕事の工夫，目指すくらしの関係を「構造化する」という思考スキルの発揮により整理することを想定した。構造化することを支援するための思考ツールとして，ピラミッドチャートを活用した。

　1人1台の情報端末を活用して，働く人へのインタビューや仕事の実際を撮影した。撮影した写真や動画を再生しながら，クラウド上で共有したファイルにグループごとの共同編集で働く人の仕事や工夫，思いを書き出した。共同編集を行うことで，短時間で多くの情報を収集することが可能になると考えた。

ピラミッドチャートに整理する際は，グループで情報を書き出したファイルを児童一人ひとりにコピーして配付し，全員が個人で「構造化する」思考スキルを発揮する学習とした。

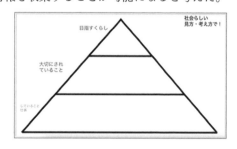

⑶　活用の実際

　働く人が「目指すくらし」に関する情報をピラミッドチャートの最上段に位置づけた。そこから，何を大切に仕事をしているかという仕事の思いを中段に，実際の仕事内容や仕事の工夫を下段に位置づけた。

　付箋に書き出した状態ではそれぞれが個別の情報だったが，ピラミッドチャートに整理することで，何を目指してどのような仕事をしているのかを自然と矢印でつなげる様子が見られた。仕事の手段と目的の関係の構造を捉えること
につながった。

　また，構造化する
中で新たな疑問も生
まれた。そこで，深
めるための発展課題
として付箋（右図の
一番右の付箋）に書
き出した。

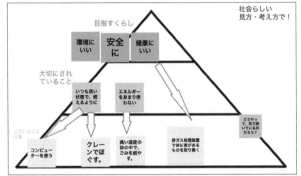

⑷　学びの深まり

　構造化した情報を見て，社会（世の中）に似たような構造の仕事があるかどうか問うた。すると，前学年（小学校３年）で学習した，火事からくらしを守る消防の仕事，事故や事件からくらしを守る警察の仕事と関連づけて考えている発言があった。いずれも，公共の仕事として社会の住みよいくらしを支えるものであり，その構造は似ているという見方・考え方を学ぶことにつながった。

　単元の最後には，構造化した情報をもとに，住みよいくらしとそれを支える仕事について，関係図にまとめた。クラウド上のファイルにまとめることで，これまで収集・整理した情報（付箋等）をコピー＆ペーストで簡単に再度用いることができた。

31 ピラミッドチャートで文化の特徴を構造化して捉える 【小6・社会科】

(1) 単元の概要

　小学校6年社会科において，我が国の歴史上の主な事象について，世の中の様子，人物の働きや代表的な文化遺産などに着目して，この頃の文化の特色を考え，表現することを通して，貴族の生活や文化を手がかりに，日本風の文化が生まれたことを理解するとともに，この頃の文化や伝統と今日の自分たちの生活との関わりを考えようとする態度を養うことを目標としている。思考ツールを活用した場面は，単元の中盤に当たる段階である。

(2) 活用のねらい

　自分たちで収集した情報をもとに，分類・整理することを通して，平安時代の特色に気づき，どのような文化だったかと結論づけたり，平安時代の文化の特色についてさまざまな面から捉えたりすることを期待した。それを実践するため，「伝えたい内容を絞り込む，焦点化する」思考スキルを選び，ピラミッドチャートを使用した。Google Jamboard（以下，「Jamboard」）の背景にピラミッドチャートを貼りつけ，班で協力してピラミッドチャートを作成させた。平安時代の特色や文化について考えていくことができるように活用した。Jamboardの付箋機能により，各自が収集した情報を素早く記入・分類することが可能になり，分類の観点を明確にして集約する力の向上へとつながる。また，複数人が同時操作できるJamboardの利便性を生かし，瞬時に情報を共有しながら意見をまとめ，平安時代の文化について結論づけることが可能である。さらに，どの班のピラミッドチャートもJamboardに添付してあることから，見比べたい班のピラミッドチャートを手元のタブレット端末で操作して選択し，そこからわかることを考察することもできる。

(3) 活用の実際

班活動を展開し，自分たちで収集した情報をもとにすることで多くの情報が集まった。数多くある情報をどのような観点で分類するか，またどのような特色があるか，意見が活発に交わされ，焦点化する思考を促していた。

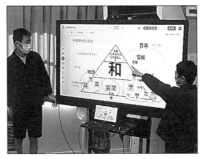

ピラミッドチャートの最下層には「蹴鞠」「囲碁」「かな文字」「和歌」などを付箋に入力し，班ごとに考えた観点に分類して貼りつけた。中間層には，分類した観点から，「さまざまなものが誕生している」「今も

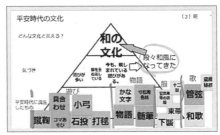

親しまれている遊びがある」などの気づきや特色を書き出した。そして，その気づきや特色をもとにして，最上層には「和の文化」「日本流の文化」と平安時代の文化を焦点化した。

(4) 学びの深まり

完成したピラミッドチャートを全体で交流した。各班が作成したピラミッドチャートを比較し，共通点や相違点を見つける活動を通して，平安時代に誕生した文化は前単元で学習した中国をもとにした文化と違う日本独自のものであり，和風の文化だと結論づけることができた。また，「現代とのつながり」という新たな観点も意識されるようになった。児童の振り返りには，「友達の意見を聞いて，共通点から平安時代の特色を考えることができた」「歴史では，現代とのつながりも考えていくことが大切だと思った」と，学びの深まりを感じることができるコメントがあった。

32 ピラミッドチャートで自分の課題意識から学習計画を立てる 【小6・算数科】

(1) 単元の概要

　小学校 6 年の算数科で，自分の課題意識を構造化して単元の学習計画が立てられるよう，ピラミッドチャートを用いて自分が課題だと感じている単元名を書き出して整理する活動を行った。この活動を通して，自分の課題を整理するとともに，構造化することで優先順位をつけたり，単元間の関連を意識したりすることを目標とし，単元「算数の学習をしあげよう」の導入の場面で実践した。

(2) 活用のねらい

　本単元は小学校 6 年の算数の総まとめの単元で，これまで学習してきた内容の総復習に取り組む。一人ひとり課題となる単元は異なり，かけるべき時間配分も異なると考えられ，児童自身が自分にとって課題となる単元を把握し，学習計画を立てることを期待し，「構造化する」思考スキルを発揮できるよう，ピラミッドチャートを活用して実践した。

　児童はクラウド上の Microsoft PowerPoint のスライドの背景にピラミッドチャートを設定し，そこに自分の得意分野，苦手分野を書き込み，ピラミッドチャートを活用して構造化した上で，総復習の学習計画を立てた。

　自分の得意な単元と苦手な単元を書き出し，学習する順序を検討することで，自分が抱えている課題を構造化したり，単元同士のつながりを把握したりすることができ，一人ひとりに合った学習計画を立てることができると考えた。

　加えて，クラウドを活用し，お互いのファイルを相互参照できるようにすることで，お互いの課題意識を把握でき，自分 1 人で解決できない学習内容に出会った際に，協働的に学習する相手を探すのに役立つと考え，クラウド上のファイルで作業をし，お互いに参照できるように設定した。

(3)　活用の実際

　子どもたちが算数の総復習の計画を立てるのに，優先順を決めたり単元間の関連を確認したりすることが必要になり，ピラミッドチャートを活用した。

　子どもたちは自分の得意な分野，苦手な分野について，算数の教科書の目次等を参考にして１段目に単元名を書き出していった。その後，優先順位や単元間のつながりを検討し，１段目に基礎的な単元，２段目と３段目に前段の単元を活用すると考えられる単元をそれぞれ配置した。

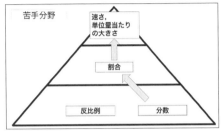

(4)　学びの深まり

　作成したピラミッドチャートや，必要に応じて教師用の指導書やインターネットの情報を参考にして，単元の学習計画を立てた上で復習に取り組んだ。

> **総復習（25時間）の計画を立てよう**
>
> ・反比例（2時間）…比例との違いがわかる。応用問題が解けるようになる。
> ・分数（7時間）…分数の基本問題が解けるようになる。少し難しい問題も解けるようになる。
> ・割合（4時間）…割合の問題の解き方がわかる。教科書問題が解けるようになる。
> ・速さ，単位量あたりの大きさ（5時間）…速さのまとめ方を理解する。応用もんだいが解けるようになる。
> ・テスト（2時間）…いままで復習した3つの単元がほんとにできるか自分でテストをする。友達に少し確認してから始める。
> ・まだ復習していない単元…不安ではなくて時間があったら復習しようと思っていたところの復習をする。

　自分の課題について構造化し，学習する順序について考えたことで，単元間の関連について考えることができた。また，問題が解けないときには関連する単元の学習内容を確認した上で再度解いてみるなど，単元間の関連を意識して，時間配分や学び方，取り組む問題の難易度などについて，自分で調整しながら学習に取り組み，自分の課題を克服していく様子が見られた。

　自分１人では解決できない問題に取り組む際には，友達のピラミッドチャートを参照して，協働するのに適した相手を探し，必要に応じて協働的に学ぶ様子が見られた。

33 ピラミッドチャートで現代社会の課題 を構造化する 【小6・総合的な学習の時間】

(1) 単元の概要

　本単元は，小学校6年の総合的な学習の時間で，自分のまちで働きながら社会を支えている人に関わり，働くことに対する多様な考え方があることを理解し，新型コロナウイルス感染症や働き手の高齢化など現代社会の諸課題に対して，社会の一員としてよりよい解決に向けて行動しようとする中で，自らの役割やその価値を見出し，積極的に社会に貢献しようとする単元である。

　本時は，単元の終盤で，児童それぞれが飲食店，美容室，銭湯などまちの気になるところに訪問取材したことで気づいた「働く上で大切なこと」について「日本の労働環境の現状と問題」や「未来の働く環境」「科学技術の革新」などの社会の出来事と関連づけながら話し合い，自らの役割やその価値を見出そうとすることを目標にした時間である。

(2) 活用のねらい

　児童は，昨年度までに関わった人たちのために「自分のまちを盛り上げたい」という思いをもち，まちのガイドブックをつくって貢献するという目標を達成した。このような学習活動を通し，児童が社会の一員としての役割や価値に気づくとともに，自らのキャリアを形成していくことを期待した。

　ここでは，働く上で大切なことが明確になっている児童はほとんどおらず，イメージだけがある児童が多かった。しかし，それを見出すための情報を多様にもっていたため，情報を整理し，考えを「構造化する」ためにピラミッドチャートを選択した。児童は，作文を書いたり，社会科で明治維新の時代を一言で表したりするときなど，曖昧な考えを整理して明確にするときにピラミッドチャートを選んでいる。ここでも，自らの考えを構造化する必要があるためピラミッドチャートを選択することを想定した。そして，考えが整理されたピラミッドチャートをもとに，自分の考える「働く上で大切なこと」をMicrosoft

PowerPoint（以下，「PowerPoint」）にまとめ，学級で共有するようにした。

⑶　活用の実際

　未知の新型コロナウイルス感染症に対して命懸けで立ち向かう医療従事者に関心をもったA児は，自身が通う歯科医師の話を聞きたいという思いから学習活動に取り組んだ。歯科医師は，A児と同じまちで生まれ育った。生まれ育ったまちのために役に

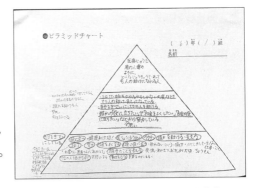

立つことがしたい，こんな状況であっても困っている人のために訪問診察をしているという歯科医師の思いを聞いたA児は働くということに対する考えが深まっていくことを感じていた。しかし，その考えは明確ではなかったため，ピラミッドチャートで考えを構造化して整理した。

⑷　学びの深まり

　ピラミッドチャートをもとに，考えと主張を現代社会の出来事や問題と関連づけ，一人ひとりがPowerPointにまとめた。そして，共通点や相違点を感じながら全員で共有し，それぞれの「働く上で大切なこと」に対する考えを深めた。主張をまとめるときには，事実や数値など根拠となる確かな情報を選ぶことを意識するようにしたことで，世の中に溢れている情報で何が正しいのかを見極めようとする力も養うことができた。

　また，ピラミッドチャートをもとに書いた作文でもA児の学びの深まりを見取ることができた。A児は，関わった歯科医師の思いに感化され，「これまでに経験したことのないことに対しても諦めず，人の助けになるような人になりたい」と書いており，自らのキャリア形成に生かしていると見取ることができた。同時に，単元で育てたい資質・能力が身についたこともわかった。

34 ピラミッドチャートで説明文を構造化し，筆者の考えの中心をつかむ 【小5・国語科】

(1) 単元の概要

　小学校5年の国語科，説明的文章に関する単元である。説明文を読み取り，筆者の主張をつかむだけでなく，筆者の書き方の工夫を学び，意見文を書く活動を行う。「読むこと」と「書くこと」の両方が目標となる複合単元である。本実践は，説明的文章を読むときの，筆者の考えの中心を支える仕組みを整理する場面である。Google Jamboard（以下，「Jamboard」）上で，筆者の考えの中心を支える理由や事実を構造化する活動を行った。

(2) 活用のねらい

　本単元は，2学期後半の単元である。これまでに，筆者の考えの中心を読み取り，それらを支える理由や事実を整理する体験を蓄積してきた。それらをもとに，学習者それぞれに，主張とそれを支える理由や事実との関係を整理させたいと考えていた。自分なりに関係を整理するという，学習方法を選択する学びの体験をねらいとした。

　しかし，自分なりと言っても，型を教えなければ構造がつかめない児童も出てくる。そのために，「構造化する」という思考スキルを選択した。「構造化する」という思考スキルの獲得を支援するために，ピラミッドチャートを選択した。1段目に考えの中心，2段目に考えの中心を支える理由，3段目に具体的な事実として組み立てる。

　他者の考えを途中でも参照できるようにするため，Jamboardをグループのメンバーで共有しておく。そうすることで，気になる表現があれば，直接話し合いをしにいくこともできるし，考えを真似て，自分のピラミッドチャートに生かしてもよい。また，自分のピラミッドチャートをスクリーンショット等で画像とし，チャットで共有させた。これらのことから，端末活用は，構造化するという思考スキルの獲得に有効に働くと考えた。

⑶　活用の実際

　児童は，筆者の考えの中心と，それを支える理由や事実との関係を整理するために，ピラミッドチャートを活用した。

　筆者の考えの中心を見つけ，その内容をピラミッドの１段目に書き込んだ。その内容に対して「なぜ？」「例えば？」「どういうこと？」という質問に答える形で，理由やそれを支える事実を読み取る活動が行われる。２段目，３段目以降は多少の量や質の差はあるものの，読み取った内容が整理されていく。

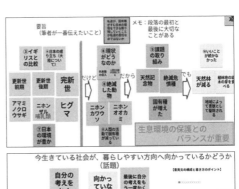

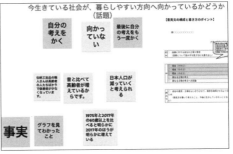

　児童は，ピラミッドチャートに情報を整理しながら，クラウド上の情報も参照している。チャット上に自分のピラミッドチャートのスクリーンショットを載せて意見を交換したり，Jamboardを友達同士で共有したりすることによって，自分の考えに自信をもったり，修正をしたりしていた。

⑷　学びの深まり

　ピラミッドチャートに情報を整理した後，児童はその構造をもとに，資料を用いてグラフを書くという活動を行った（画像２枚目）。その際に，構造を参考にするために，Jamboardのページをコピーして，自分の伝えたい内容に書き替える児童が多く見られた。「ピラミッドを書き替えるだけなので，考え方を活用できている気がした」と述べる児童も見られた。このように思考ツールに表現した後の複製のしやすさを児童は実感しているようであった。

35 ピラミッドチャートで情報をもとに推測する 【小6・社会科】

(1) 単元の概要

　小学校6年の社会科「大陸に学んだ国づくり」において，十七条の憲法を手がかりに聖徳太子が国づくりを進めようとした頃の日本の様子を想像することを目標に，単元の導入場面で実践を行った。

(2) 活用のねらい

　社会科では，資料から情報を読み取り，自分の考えをつくったり伝え合ったりする。本単元では，人物（聖徳太子，中大兄皇子，聖武天皇，行基など）の働きを通して，天皇を中心とした政治が確立されたことを理解させる。まずは「十七条の憲法」を手がかりに，当時の世の中がどのような様子であったかを想像させることにした。例えば「『裁判は公平に』と書かれているから，きちんと裁判が行われないこともあったのだと思う」などである。

　学びを深めていくためには，資料の限定的な部分から得られる個別的な気づきで結論づけるのではなく，それらを組み合わせて統合して捉えていくことが重要だと考えた。したがってここでは「抽象化する」という思考スキルを働かせることが適切だと判断し，グループ活動においてピラミッドチャートを用いることで児童の思考を支援することとした。

　活動で使用するシートは Google Jamboard（以下，「Jamboard」）で作成した。これは，一人ひとりの気づきを小グループで対話しながら結びつけていく活動がスムーズに行えるようになり，抽象化を促進できると考えたからである。また，1つの Jamboard に班と同じ数のシートを複製し，学級全体で共有した。これは，各グループの話し合いの成果物を共有することで児童の再構成を支援することにつながると考えたからである。

(3)　活用の実際

　まず，学級全体で教科書の資料
（十七条の憲法の一部）を確認した。
「第一条　人の和を大切にしなさ
い」の意味を確認し，このような
条文が書かれた当時の日本の様子
を想像した。児童は「みんな仲よ
くなかったのかな？」「ケンカば
かりしていたのかもしれない」と
推測していた。活動の見通しがも
てたところで，班によるグループ
活動に切り替え，下段には直接的
な気づきを，中段・上段には付箋
を結びつけて言えることを貼っていった。

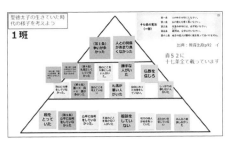

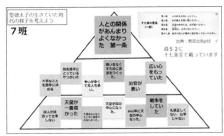

(4)　学びの深まり

　班によるグループ活動の後は，各グループの話し合いの成果物をJamboard
で見合う活動に移った。「○班と同じだ」「少し似ている」などと比較しながら
他の班の成果物を見ている児童を価値づけ，優れた見方を学級全体に広めてい
った。ピラミッドチャートを活用したことで，自然と上段に着目するようにな
った。

　最後に，課題に対する個人の考えをノートにまとめる時間を5分，まとめ
たものを共有する時間を3分取った。自分の班だけでなく各班の成果物を参
考にしながら再構成することができ，当時の日本の様子を抽象的に捉えること
ができた。対話的な学び，協働的な学びは個の学びを深めるために必要である
から，最後は児童一人ひとりが課題に対して自分の言葉でまとめることが重要
である。ピラミッドチャートを活用し，協働的な活動や共有をスムーズに行え
たことで，個人で考える時間を十分に確保することができた。

36 PMIシートで話し合いの仕方を評価し改善する 【小4・国語科】

(1) 単元の概要

　小学校4年の国語科で，よりよい話し合いを行うための評価と改善を行った。単元のはじめに話し合いの基本を押さえ，グループごとに話し合った。話し合いの様子をタブレット端末で録画し，動画をもとによい点や課題を評価し，改善点を明確にすることを目標とした。

(2) 活用のねらい

　本単元は，司会や記録，提案者など，話し合いにおける各自の役割を決め，その役割を意識した話し合いの仕方を学ぶことを目標とした。議題に沿って，グループごとに役割を決め，話し合いを行った。

　1人1台のタブレット端末で話し合いを録画し，撮影した動画を見ながら自分たちの話し合いを評価，改善する学習を行った。「評価する」思考スキルの発揮を想定し，PMIシート（以

下，「PMI」）を活用した。評価の際は，P（プラス＝続けたい），M（マイナス＝直したい），I（面白い，楽しい），という複数の視点から評価することを期待した。

　1人1台のタブレット端末を活用することにより，PMIにはテキストだけでなく，動画のキャプチャ画像なども貼りつけることができ，評価した場面のイメージが共有しやすくなると考えた。加えて，クラウド上で作成したPMIのスライドは各グループのものを参照可能とすることで，望ましい話し合いを行うための見方・考え方の共有につながると考えた。

⑶　活用の実際

　グループの話し合いを撮影した動画を視聴しながら，自分の評価のPMIを書き出した。1人1台のタブレット端末を活用することで，動画の停止や繰り返しが可能となり，評価のための情報を十分に得ることができた。

　PMIの着目する観点として，はじめは声の大きさなど基本的なことが中心だったが，教科書や見本動画の参照，教師の支援等により，次第に本単元で学ぶべき「話し合いにおける役割」に関する見方・考え方を働かせて評価するようになった。PMIのうち，Ⅰ（Interesting）については，「改善案として取り組んでみたら面白かったこと，あるいは取り組むと面白そうなこと」が書かれた。

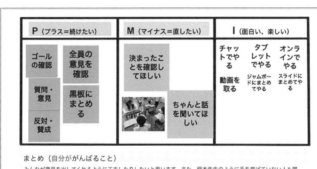

⑷　学びの深まり

　自分の話し合いの動画を友達に見てもらい，評価をもらう活動につなげた。PMIをクラウドで共有することで，複数の友達から同じファイルに意見をもらうことが可能となった。友達からの付箋をもとに，まとめとして「自分が（次に）がんばること」を文章で記述させた。自分とは異なる見方・考えからの評価により，新たな視点で改善案を得ることにつながった。

　何度も評価と話し合いをするうちに，次第に付箋の量が増え，評価の観点の質も高まった。児童自らが複数の視点で評価・改善を繰り返し行うことで，話し合いの改善のスピードが飛躍的に高まった。

37 イメージマップ，クラゲチャート，プロット図で思いを確かにする【小1・生活科】

(1) 単元の概要

　小学校1年の生活科「しぜんとなかよし」という単元で学習を行った。この単元では，観察したり遊んだりすることを通して，自然の様子や四季の変化に気づいたり，自然の面白さや遊びを工夫する楽しさ，不思議さに気づいたりすることを目標としている。この単元では，1年間で春，水，土，風，秋，雪を扱った活動を行い，通年を通じて共通の振り返りを行った。

(2) 活用のねらい

　本単元の導入では，生活経験を思い起こすとともに，身近な自然やその様子に気づくことができるよう，「しぜんのあそび」を中心としたイメージマップを活用し，身近な自然を使った遊びについて考えを広げることを促した。

　振り返りでは，どの児童も活動で感じたことや考えたことを表現して友達と聞き合うことを期待した。活動での気持ちを伝えるのではなく，そう思う根拠をもとにして考えることができるように，自分の思いを明確に「理由づける」スキルが必要だと考えた。そのために，クラゲチャートを活用して表現できるようにした。自分の気づきや思いを表現する方法を学び，繰り返し取り組むことで，児童は自分自身の考えとその理由を意識しながら表現することができた。また，考えを明確にもつことで，「次はこうしたい」というめあてをもち，学習への意欲を高めることができた。

(3) 活用の実際

　導入では，次ページの写真（上）のように「しぜんのあそび」を中心としたイメージマップを活用し，自然や自然を利用した遊びについてのイメージを広げた。児童はこれまでの生活経験を思い起こして四季の変化や自然を利用した遊びについて考えをふくらませていた。このイメージマップを通年掲示して活

用することで，年間を通して自然との関わりについて考えることができた。

　振り返りでは，クラゲチャートを活用した（下の写真）。クラゲチャートの頭の部分には，児童が活動から気づいたことや思いを表現しやす

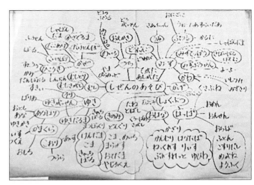

いように，そのときの気持ちを表す3種類の顔マークを提示し，選択するようにした。そうすることで，どの児童も3つの中から自分の気持ちに近いマークを選び，「なぜそう思ったのか」を考えて記述することができた。繰り

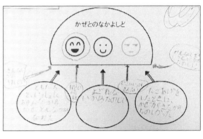

返し活用していくことで，理由を明確にしながら自分の思いを表現する児童が増えていった。

(4)　学びの深まり

　学習の最後には，右の写真のようにGoogle Jamboardを使い，一人ひとりが「自然とのなかよし度」の変化を顔マークでプロット図に整理する活動を行った。学習の履歴を振り返る時間を設けることで，「虫は

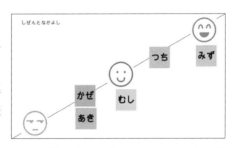

あまり触れ合えなかったけど，土はたくさん触れ合えて仲よくなれた。次の学習ではもっと触れ合って仲よくなりたいな」と意欲を高めていた。1年を通して振り返りながら学びを積み重ねたことで，自分から自然に関わり，その不思議や面白さに気づき，次の学習に生かそうとする姿が見られた。

38 ピラミッドチャートとクラゲチャートで，探究課題を検討する【小5・総合的な学習の時間】

(1) 単元の概要

　筆者の勤務校（小学校）では，地域の題材をテーマに生活科・総合的な学習の時間を展開する中で，設定した5つの資質・能力（主体性，協働性，探究力，論理的思考力・表現力，知識・技能）の育成を目指している。5年生の総合的な学習の時間では，地域の特産物「三原やっさタコ」をテーマに，「三原のタコ名人になろう」という仮の探究課題の下，単元の前半で調べ学習や体験学習を行った。単元の後半に差しかかる段階で，前半の探究活動で得た情報を整理して，真の探究課題へと更新し，児童の課題意識や目的意識を明確にして，後半の探究を始めた。最終的には，児童が設定した真の探究課題を分類してチームを編成し，地域と協働しながら課題の解決につながるまとめ・表現を行った。

(2) 活用のねらい

　単元の前半で，インターネットや書籍，新聞記事，ニュース番組，ラジオ番組，SNS，水産教室等，多様な媒体から情報を収集した。膨大な情報をまずは焦点化して整理し，次に情報を根拠として理由づけ，後半に向けて探究課題を更新する中で，探究力や論理的思考力・表現力の成長を期待した。情報収集の段階から，得た情報を媒体ごとに色分けした付箋に記入し，Google Jamboard（以下，「Jamboard」）に蓄積した。情報が十分収集できた段階で，「焦点化する」思考スキルを育てる場面ではピラミッドチャート，「理由づける」思考スキルを育てる場面ではクラゲチャートをJamboardの背景として追加し，情報を整理した。1人1台の端末を活用し，Jamboardを複数のページにわたって活用することで，既習内容を生かした展開が可能になるとともに，タッチパネルでの操作やコピー＆ペースト等，活動を円滑にする工夫を通して時間を確保し，思考をじっくりと深めることをねらった。また，意見をグループや全体で共有する際にも視覚的にわかりやすく，役立つと考えた。

⑶　活用の実際

　色分けした付箋が集まった段階で，背景にピラミッドチャートを追加し，全情報を下段に集めた。その後，中段には，「発信したいよさ・解決したい課題」を，上段には「自分たちの手で発信したいよさ・解決したい課題」を配置した。

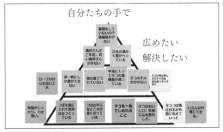

　ピラミッドチャートの次ページには，背景にクラゲチャートを追加した。自分の課題意識から真の探究課題を設定してクラゲの頭に記入し，その根拠となった情報は，クラゲの

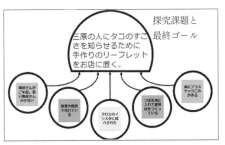

足に前ページの付箋を貼りつけた。ページを簡単に行き来することができるので，既習内容をすぐに確認することができ，考えることがあまり得意でない児童にとってもヒントが多く，手が止まる児童は少なかった。また，前時の学習と関連づけながら思考を深めることもできた。その結果，探究課題と根拠がしっかりと結びついたクラゲチャートを完成させることができた。

⑷　学びの深まり

　完成した全員のクラゲチャートを共有すると，児童の探究課題は「漁業」「環境」「タコ」の3つに分類することができた。課題意識の近い児童でチームを編成し，課題を解決するためのまとめ・表現を行った。活動の中で，情報と情報の関連性を考えて，再度調べ直したり，探究課題を設定する際に，根拠として理由づけた情報を生かして成果物を作成したりする姿が見られ，探究力や論理的思考力・表現力の高まりを見取ることができた。児童の自己評価でも，「根拠と結びつけて探究課題を設定することができた」等，具体的な行動を根拠にあげて，資質・能力の成長を自覚できた児童が多かった。

39 クラゲチャートと座標軸で，自分の 考えを理由づけ比較する【小6・道徳科】

(1) 単元の概要

　小学校6年道徳科の教材文「星野くんの二塁打」は，主人公が迷いながらもチームのためを思い自分の判断を優先したことと，チームの一員としてのルールを守ることの価値について議論することを通して，規則やきまりについて考えるといった内容である。本教材を通して，児童に，自分の意見を相手に伝えるとともに自分と異なる意見を尊重する態度を養ったり，規則やきまりを守る意義の理解を深めたりすることをねらいとし，実践を行った。

(2) 活用のねらい

　本教材では，児童が，議論することを通して，自分と異なる意見のよさを感じたり，自分の考えを確かにしたりすることを繰り返すことで，規則やきまりを守ることの大切さについて考えられるようにしたい。そのために，まず，主人公がチームのためを思い自分の判断を優先した行動に対する自分の立場と，立場を根拠づける理由を児童に考えさせる。理由を考える際，複数の視点から理由づけできるようクラゲチャートを活用する。その理由を根拠とし，1人1台端末を活用して座標軸に自分の立場を示させる。座標軸には，主人公の行動に対し，「どのくらい」賛成か反対かといった程度も示せるように「賛成」と「反対」，「積極的（に）」「消極的（に）」といった2軸4象限を設定する。端末を活用することで，座標軸内に互いの立場が可視化され，一目で他者との立場の違いが比較できるようになる。そして，座標軸とクラゲチャートを活用して，主人公の行動に対する立場をグループで議論する。議論の際，クラゲチャートを活用することは，立場を根拠づける理由を明確にしながら相手に伝えるための手がかりとなる。また，端末を活用して座標軸を設定することで，立場を自由に変えられるようになり，「規則やきまりを守ること」に対して自分の立場はどうかをいつでも見直すことができるようになると考える。

(3)　活用の実際

　クラゲチャートを使って，主人公の行動に対する自分の立場と，立場を根拠づける理由を書き出した（写真１枚目）。児童は，さまざまな視点から理由を考え，表現していた。その後は，主人公の行動に対する自分の立場を，1人1台端末を活用して座標軸に示した。立場を示すときには，自分の名前を付箋に書き出し，貼り付けた（写真2枚目）。そして，座標軸とクラゲチャートをもとに，グループで議論した（写真3枚目）。議論の際は，「4象限のどこに付箋を置いたか」「それはなぜか」を互いに伝え合った。端末を活用して座標軸に立場を示し共有したことで，互いの立場の違いがわかり，自分と比較しながら考えを深めることができた。

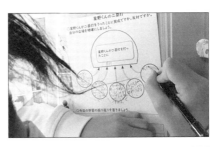

(4)　学びの深まり

　端末を活用して座標軸内に立場を可視化したことで，「なぜその位置に付箋を貼りつけたか」といった立場の違いを意識した議論になった。授業の振り返りでは，「話し合いで，自分にはない考えに気づいた」といった記述が見られたことから，他者の考えのよさを感じ，尊重しようとする気持ちが高まったと考えられる。また，思考ツールを用いて立場や理由を明確にしたことで，自分たちの考えは「『きまりを守る』という点で見るとどうか」を議論の主軸とすることもでき，規則やきまりの大切さを考え直す機会につながったと思う。

40 思考ツールを児童自身が選択する
【小4・その他】

(1) 単元の概要

小学校4年生の実践である。さまざまな思考ツールを入れたフォルダを児童とクラウド上で共有することで，学年の終わりには，児童が適切な思考ツールを自ら選択して使用することができるように指導した。

(2) 活用のねらい

児童が主体的に学習を進めるためには，児童自身が「選択」できるようになることが重要である。授業内では，さまざまな「選択」の場面を設定することができるが，今回は授業で使う思考ツールを「選択」できるように年間を通して指導した。

手立てとしてGoogleドライブを使用した。Googleドライブを使えば，クラウド上で児童とフォルダを簡単に共有することができる。共有するドライブフォルダには，あらかじめ教師が17種類ほどの思考ツールのテンプレート（PDF）をアップロードしておいた。Googleドライブを利用することで，児童は教師から共有されたフォルダの中に入った思考ツールをすべて使用することができるようになった。

思考ツールを活用する授業では，主にGoogle Jamboard（以下，「Jamboard」）を使用した。Jamboardはいろいろな画像を背景に設定した上で，付箋等を貼りつけることができる。そのため，思考ツールと非常に相性がいいと考えた。児童が思考ツールを使うときは，教師と共有されたドライブフォルダから自分が使用したい思考ツールを「選択」する。次に児童自身がJamboardの背景に設定し，授業に臨んだ。

(3) 活用の実際

思考ツールをアップロードしたフォルダを児童と共有したからといって，児

童が思考ツールを正しく「選択」できるわけではない。

　4月から，それぞれの思考ツールと思考スキルを関係づける指導を行った。児童は思考ツールをまったく知らなかったため，すべての思考ツールと思考スキルを関係づけることは難しいと感じた。最初は比較的理解しやすい「ピラミッドチャート」（思考ツール）を使って「焦点化する」（思考スキル）ことを指導した。この指導では，児童に「選択」はさせず，教師が用意したJamboardを使用した。

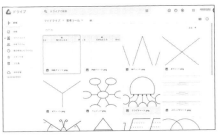

　このような指導をさまざまな思考ツールを使って繰り返し行い，児童の実態を把握しながら，だんだんと児童が「選択」できるようにしていった。画像（下）は児童自身が選

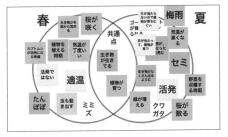

択した「ベン図」を使って春と夏を「比較」したJamboardである。

(4)　学びの深まり

　クラウド上でフォルダを共有することで，児童はどの教科でも思考ツールを使うことができるようになった。学級全員ではないが，児童が思考ツールを選択するようになって，休み時間や家庭学習でも授業の続きの学習を行うことが増えた。そういう姿を見ると，学習者主体の学習ができるようになってきたと感じる。

41 選択した思考ツールで情報を整理する

【小5・国語科】

(1) 単元の概要

　小学校5年国語科「古典芸能の世界—語りで伝える—」は，落語の表現の工夫に着目し，落語の特色を知ることが目標とされている1時間完了の単元である。授業前半では動画教材を用いて落語を視聴したり，教科書内容を読み取ったりして落語の表現の工夫を収集し，授業後半で収集した表現の工夫を整理し，落語の特色をまとめることを行った。今回は，落語の表現の工夫を整理する活動を紹介する。

(2) 活用のねらい

　本時のねらいは，落語の特色を知るために，落語の表現の工夫に着目することである。しかし，児童にとって古典芸能の1つである「落語」はあまり馴染みがないものである。馴染みがないものの情報を収集しようとしてもなかなか活動が進まないことが予想された。そこで，落語の表現の工夫を理解しやすくするために，教科書の写真を活用したり，動画教材を活用したりして，落語の表現の工夫についての情報を収集できるようにした。また，収集した情報を整理する活動を行うことで，落語の表現の工夫についてより深く学ぶことができると考え，思考ツールを活用することにした。

　今回，児童に発揮を期待する主な思考スキルは「分類する」「多面的にみる」，活用を期待する思考ツールは「Yチャート」「Xチャート」「Wチャート」「フィッシュボーン図」等である。Google Classroom には，それらのツール以外に既習の複数の思考ツールを載せておき，児童が自分で収集した情報を整理するために適していると考えるツールを選択し，活用できるようにした。なお，ツールを使用することは絶対条件とはせず，使わずに整理してもよいこととした。

⑶　活用の実際

　動画教材や教科書内容から情報を収集させたところ，多くの児童が声の調子や表情の工夫，話し方の工夫，身ぶりや物を用いていろいろなものに見立てる工夫等に気づき，それらの視点で整理する児童が多く見られた。児童のGoogle Jamboard（以下，「Jamboard」）からは，YチャートやXチャートといった分類することを目的とした思考ツールを用いて整理する児童が多く見られた。Jamboardを使用することで，一度に全員分を共有することができるため，最初は思考ツールを使わずに整理して

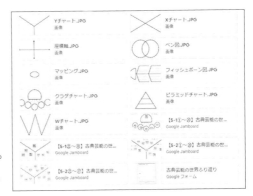

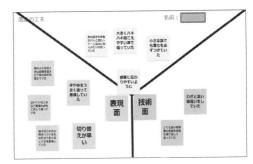

いたが，思考ツールを使用している児童のフレームを見て，活動していくうちに使用することにした児童が増えていった。

⑷　学びの深まり

　落語の表現を整理した後，席が近くの児童同士で，学んだ工夫を紹介し合う活動を行った。その際には，どのような工夫を見つけたのかをカテゴリごとに紹介する児童が多く見られた。授業の最後に行った振り返りでは，「思考ツールを使ったほうが考えを整理できる」「思考ツールを使ったほうが整理しやすい」「収集した情報に同じようなまとまりがあったから，思考ツールを使って分けてみようと思った」といった，思考ツールを使用することのよさについて記述した児童が見られた。

42 思考ツールを選択して災害対策を分類し，多面的に捉える 【小5・理科】

(1) 単元の概要

小学5年生理科「台風と天気の変化」では，台風の動きの傾向や天気との関係，台風による災害とその対策の理解が目標とされている。目標達成に向け，単元の前半では過去の気象データの分析を行い，後半ではインターネット等で災害対策を調べ，表現する活動を計画した。今回は，単元後半で行った災害対策について調べる活動を紹介する。

(2) 活用のねらい

本時のねらいは，災害対策についてインターネット等で調べ，その対策方法を理解することである。しかし，災害対策についてインターネットで調べると膨大な数の情報がヒットする。情報を網羅的，羅列的に記録しても十分な理解は期待できない。そこで，収集した情報について自ら観点を設定して整理・分析する活動を行うことで，災害対策についてより深く理解できると考え，思考ツールを活用することとした。

今回，児童に発揮を期待する主な思考スキルは「分類する」「多面的にみる」，活用を期待する思考ツールはYチャート，Xチャート，フィッシュボーン図である。あらかじめ Google Jamboard（以下，「Jamboard」）の右端に複数の思考ツールを載せておき，児童が使いたいツールを選び，拡大して活用できるようにした。

一方，自ら思考スキルや思考ツールを選択できない児童もいる。そのような児童への足場かけとして，授業の前半部分で班や学級全体で問題解決の見通しを話し合う時間を設けた。話し合いを通して，児童一人ひとりの個性に応じて思考スキルや思考ツールを選択させつつ，

その妥当性も担保したいと考えた。

(3)　活用の実際

　学習課題「台風による災害から命
を守るには，どのような備えが必要
だろうか」を確認した後，集めた情
報をどのように整理・分析するかを
話し合わせた。児童からは「災害時
の所在場所（自宅，学校等）で分類
する」「災害種（水，風，土等）で分
類する」等の意見が出された。特に，
これまでの他教科での学習を想起し
「自助，公助，共助の面から考える」
という意見に多くの児童が共感し，
その観点で情報を整理する児童が多
く見られた。思考ツールは，フィッ

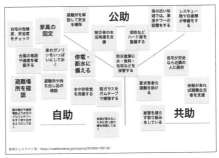

シュボーン図，Yチャート，Xチャートが多く選択された。活動開始直後は，
自分で観点を設定することが難しい児童もいた。しかし，Jamboardで友達の
シートを参照することで，徐々にイメージをつかみ，整理できる児童が増えて
いった。

(4)　学びの深まり

　災害対策を整理した後，作成した思考ツールを見せながら紹介し合う活動を
行った。その際，児童は「自分たちにもできることがたくさんあるんだね」
「地域の掃除が何で災害対策になるの？」など，学習内容を深める質問やコメ
ントをしていた。また，「自助や共助などの3年生の社会の勉強が5年生の理
科でも役立った」と記述した児童もいた。分類の観点にも汎用的なものがある
ことに気づくなど，学習方法について深めることもできた。

思考スキル・思考ツールは個人探究に必須のアイテム

瀬戸 SOLAN 小学校副校長　三宅貴久子

(1) 個人探究を支える「考える技」の授業

　本校では，1年生から個人探究に
取り組んでいる。目標は，子ども自
身の興味・関心に応じた課題解決を
通して，これからの社会に必要な資
質・能力を育成することである。問
いを見出し，情報を集め，整理・分
析し，まとめて表現するという一連
の探究プロセスは思考の連続である。
課題を解決するために，何をどのよ

「考える技」の授業風景

うに考えたらいいのか，自分の過去の学習経験と関連づけて，活動を展開して
いく。その時，考える方法として思考スキルを習得しておくことで，解決方法
の引き出しが増える。

　本校では，思考スキルを学習するための時間として，「考える技」という 15
分のモジュール学習を週2コマ設定している。子どもは「考えることを考え
る時間」という意識をもって学習に取り組む。習得する思考スキルは，「比較
する」，「分類する」，「関連づける」，「多面的にみる」，「理由づける」，「順序立
てる」，「構造化する」，「評価する」の8つの思考スキルである。これらを思
考ツールと対応づけて指導している。1時間目に，教師は思考スキルの定義や
図の使い方等について理解させる。2時間目は，前の時間にまとめた思考ツー
ルの記述内容に意見交換をし，自分のできている点と問題点を確認させる。そ
れを8つの思考スキルの指導で繰り返し取り組む習得の時間である。学んだ
思考スキルは，教科，プロジェクトや探究の時間で活用されている。特に，探
究学習は，思考の連続であり，子どもはどのように考えたら課題を解決できる

か悩む場面に多く遭遇する。そこで，思考停止しないように，自力解決を支援する方法として，思考スキルの習得は欠かせない。自分の学習状況に応じて習得した思考スキルを活用することで，探究の活動もより一層深まっていくと考える。

「どの時間で思考スキル・思考ツールを使っているか」というアンケート結果からも，約8割の子どもが探究学習で使っているという回答をしており，個人探究には必須のアイテムであることがうかがえる。

(2) 対話の深まりを支援するツール

思考方法の一つとして，思考スキル・思考ツールの活用の仕方を教師と子どもが共有していることで，思考場面での対話を深めることができる。考えるということを動詞レベルに落とし込んで，図で可視化する手段は，正解のない探究において，思考の道標のようなものではないかと思う。例えば，教師が，「この情報をどうやって整理する？」と子どもに質問すると，「2つの事実を比較して，ベン図にまとめて，共通点の部分が答えになるのかなあ」という回答がある。「どんな視点で比較したらいいかなあ」と教師は問いかける。

サポーターとの対話

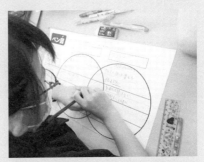

思考ツールにまとめる子ども

このように，教師と子どもが思考スキル・思考ツールを共有しているからこそ，協働で課題解決へ向けて対話を深めていくことができる。つまり，思考スキル・思考ツールは，子どもの思考の深まりを促すための対話のツールとしても効果的なアイテムと言える。

参考文献一覧

〔第Ⅰ章〕

文部科学省（2017, 2018）平成 29・30 年改訂学習指導要領（小学校，中学校，高等学校），https://www.mext.go.jp/a_menu/shotou/new-cs/1384661.htm

中央教育審議会（2021）「令和の日本型学校教育」の構築を目指して〜全ての子供たちの可能性を引き出す，個別最適な学びと，協働的な学びの実現〜（答申），https://www.mext.go.jp/b_menu/shingi/chukyo/chukyo3/079/sonota/1412985_00002.htm

伊藤崇達（2009）『自己調整学習の成立過程—学習方略と動機づけの役割—』，北大路書房

Zimmerman, B. J.（1989）A social cognitive view of self-regulated academic learning. *Journal of Educational Psychology,* 81, pp.329-339

Zimmerman, B. J., & Schunk, D. H.（2001）*Self-regulated learning and academic achievement: Theoretical perspectives.* New Jersey: Lawrence Erlbaum Associates.（塚野州一（編訳）（2006）『自己調整学習の理論』，北大路書房）

高橋純（2022）『学び続ける力と問題解決—シンキング・レンズ，シンキング・サイクル，そして探究へ—』，東洋館出版社

〔第Ⅱ章〕

道田泰司（2003）批判的思考概念の多様性と根底イメージ，心理学評論，46 巻 4 号，pp.617-639

楠見孝，子安増生，道田泰司（編）（2011）『批判的思考力を育む—学士力と社会人基礎力の基盤形成—』，有斐閣

文部科学省（2017, 2018）平成 29・30 年改訂学習指導要領（小学校，中学校，高等学校），https://www.mext.go.jp/a_menu/shotou/new-cs/1384661.htm

泰山裕，小島亜華里，黒上晴夫（2014）体系的な情報教育に向けた教科共通の思考スキルの検討—学習指導要領とその解説の分析から—，日本教育工学会論文誌，37 巻 4 号，pp.375-386

黒上晴夫，小島亜華里，泰山裕（2012）シンキングツール〜考えることを教えたい〜，http://www.ks-lab.net/haruo/thinking_tool/short.pdf

National Research Council（2000）*How People Learn Brain, Mind, Experience, and School: Expanded Edition,* National Academy Press.（米国学術推進会議（編著）森敏昭，秋田喜代美（監訳）（2002）『授業を変える—認知心理学のさらなる挑戦—』，北大路書房）

〔第Ⅲ章〕

泰山裕，野末泰子（2016）シンキングツールを用いた児童の思考過程の評価，第42
回日本教育工学協会全国大会論文集，pp.362-363

〔第Ⅳ章〕

黒上晴夫，小島亜華里，泰山裕（2012）シンキングツール〜考えることを教えたい〜，
http://www.ks-lab.net/haruo/thinking_tool/short.pdf

あとがき

　探究的な学びを支援する思考ツールやICTは，これから求められる学びを実現するための方法である。本書では，それに向けた考え方やポイント，実践事例を紹介した。

　本書で示した考え方や実践のあり方に対して，他の方々がどのような考えをもったのか，よりよい実践方法や考え方はないのか，これからも議論し，探究し続けたいと思っている。

　そして，思考ツールやICTに対する考え方は決して筆者が独自に開発したものではないし，一人でまとめたものでもない。

　筆者が初めて思考ツールや思考スキルの考え方に出会ったのは，関西大学で黒上晴夫先生の研究室に博士課程の学生として在設しているときであった。当時，オーストラリアなどの教育において，「グラフィックオーガナイザー」と呼ばれ，活用されていた道具を日本の教育に合った形で修正を加え，紹介していた。

　思考力の育成に関心があった筆者は，博士課程在籍時に開校となった関西大学初等部にお邪魔しながら，思考スキルと思考ツールを活用した思考力育成のための実践を間近で見せていただく機会を得た。

　その当時，関西大学初等部に在籍されていた三宅貴久子先生，同じく関西大学大学院で学んでいた小島亜華里先生，そして，指導教官である黒上先生にご指導いただきながら，思考スキル指導のカリキュラムについて議論させてもらった経験が，本書のベースとなっている。

　堀田龍也先生には，当時からカリキュラムおよび，思考スキル研究について，折に触れてご指導をいただいた。この堀田先生のご指導なくては思考スキルに関する研究がこのように整理されることもなかっただろう。

大学院修了後，鳴門教育大学に所属し，佐藤和紀先生，三井一希先生とご一緒し，議論する機会が増えた。似たような関心をもちながら少しずつ専門の異なる先生方と議論する中で，今の教育の動きと思考スキルの研究の位置を考える機会があったことで，体系的な指導の方法としての思考スキル，思考ツール，ICT について，自分の考えを整理することができた。

　そして，すべてのお名前を挙げることはできないが，実践事例を提供いただいた先生方にも感謝申し上げる。本書に書かれている内容はいずれも，先生方の実践を見せていただいたり，それをもとに議論させていただいたりしたことをきっかけにまとめたものである。

　また，東洋館出版社の大場亨様には，いつまでも，うまくまとまらない原稿にもお付き合いいただき，原稿について，ご感想やご指導をいただいた。

　このように，これまでお世話になった様々な先生方のおかげで本書がある。
　ここまで本書にお付き合いいただいた読者の方と併せて感謝申し上げたい。

　本書は現時点での考え方を整理したものである。
　第 I 章で示した通り，教育を取り巻く環境は大きく変わる。社会や教育のあり方に変化の激しい現在だからこそ，指導のあり方にも正解はない。
　本書で示した考え方や指導のあり方について，ぜひ忌憚のないご意見をいただき議論ができれば幸いである。

2023 年春　鳴門教育大学の研究室にて

編著者　泰山　裕

執筆者一覧

【編著者】

泰山　裕 (たいざん　ゆう)

鳴門教育大学大学院学校教育学研究科准教授

1984 年生まれ。関西大学情報科学研究科博士課程後期修了，博士（情報学）。園田学園女子大学非常勤講師，鳴門教育大学大学院講師等を経て現職。日本教育メディア学会理事，日本教育工学協会常任理事など。

著書に『教育委員会・学校管理職のためのカリキュラム・マネジメント実現への戦略と実践』（共編著，ぎょうせい，2020 年），『ICT 活用の理論と実践』（分担執筆，北大路書房，2021 年），『学級遊びで身に付く Google Workspace for Education』（共編著，東洋館出版社，2022 年）など。

【執筆者】(執筆順。所属等は 2023 年 4 月現在)

泰山　裕	（上掲）	まえがき，Ⅰ～Ⅳ章，あとがき
堀田　龍也	（東北大学／東京学芸大学教授）	第Ⅰ章コラム
小島亜華里	（奈良教育大学特任准教授）	第Ⅱ章コラム
黒上　晴夫	（関西大学教授）	第Ⅲ章コラム
佐藤　和紀	（信州大学准教授）	第Ⅳ章コラム
三井　一希	（山梨大学准教授）	第Ⅳ章コラム
滝沢雄太郎	（長野県　長野市立篠ノ井西小学校教諭）	第Ⅴ章 1
伊藤　真紀	（長野県　信濃町立信濃小中学校教諭）	第Ⅴ章 2・5
織田　裕二	（信州大学教育学部附属松本小学校教諭）	第Ⅴ章 3・27
市川　尚将	（徳島県　板野町立板野中学校教諭）	第Ⅴ章 4・21
土田　陽介	（岐阜県　帝京大学可児小学校教諭）	第Ⅴ章 6
島田　良美	（広島県　尾道市立栗原学校教諭）	第Ⅴ章 7・12・29

天野　夏瑞　　（富山県　富山市立呉羽小学校教諭）‥‥‥ 第Ⅴ章 8・37

吉田　康祐　　（静岡県　静岡市立番町小学校教諭）‥‥‥ 第Ⅴ章 9・19

稲木健太郎　　（栃木県　壬生町教育委員会指導主事）‥ 第Ⅴ章 10・23・30・36

藤倉　　新　　（徳島県　鳴門市立撫養小学校教諭）‥‥‥ 第Ⅴ章 11

久川　慶貴　　（愛知県　春日井市立藤山台小学校教諭）‥ 第Ⅴ章 13・17・34

浅井　公太　　（静岡県　静岡市立南部小学校教諭）‥‥‥ 第Ⅴ章 14・40

旅家　美晴　　（富山県　富山市立呉羽小学校教諭）‥‥‥ 第Ⅴ章 15

吉仲　伸隆　　（兵庫県　尼崎市立尼崎北小学校教諭）‥‥‥ 第Ⅴ章 16・22

菅原あゆみ　　（広島県　三原市立幸崎中学校教諭）‥‥‥ 第Ⅴ章 18

中野　美香　　（広島県　三原市立幸崎中学校教諭）‥‥‥ 第Ⅴ章 20

濱本　大輔　　（大阪府　大阪市立吉野小学校教諭）‥‥‥ 第Ⅴ章 24・33

中西　奈菜　　（香川県　高松市立勝賀中学校教諭）‥‥‥ 第Ⅴ章 25

吉田　文香　　（広島県　三原市立糸崎小学校教諭）‥‥‥ 第Ⅴ章 26

後藤　　宗　　（愛知県　名古屋市立滝川小学校教諭）‥‥ 第Ⅴ章 28

藻塩　淳正　　（広島県　尾道市立美木原小学校教諭）‥‥ 第Ⅴ章 31

大久保紀一朗　（京都教育大学講師）‥‥‥‥‥‥‥‥‥‥ 第Ⅴ章 32

後藤　弘樹　　（静岡県　静岡市立清水駒越小学校教諭）‥‥ 第Ⅴ章 35

田中　涼子　　（広島県　三原市立三原小学校教諭）‥‥‥ 第Ⅴ章 38

横川　由佳　　（徳島県　東みよし町立昼間小学校教諭）‥ 第Ⅴ章 39

山川　敬生　　（愛知県　春日井市立松原小学校教諭）‥‥ 第Ⅴ章 41

石原　浩一　　（愛知県　春日井市立松原小学校教諭）‥‥ 第Ⅴ章 42

三宅貴久子　　（愛知県　瀬戸SOLAN小学校副校長）‥‥ 第Ⅴ章コラム

「思考ツール× ICT」で
実現する探究的な学び

2023（令和 5 ）年 7 月 12 日　初版第 1 刷発行
2024（令和 6 ）年 3 月 25 日　初版第 3 刷発行

編著者：泰山　　裕
発行者：錦織　圭之介
発行所：株式会社東洋館出版社
　　　　〒 101-0054　東京都千代田区神田錦町 2-9-1
　　　　　　　　　　コンフォール安田ビル
　　　　代　表　電話 03-6778-4343　FAX03-5281-8091
　　　　営業部　電話 03-6778-7278　FAX03-5281-8092
　　　　振　替　00180-7-96823
　　　　URL　　https://www.toyokan.co.jp

印刷・製本：藤原印刷株式会社
装丁・本文デザイン：藤原印刷株式会社

ISBN978-4-491-05104-8
Printed in Japan